不批评会表扬，
培养自觉主动的好孩子

李 萍
编著

中国纺织出版社有限公司

内 容 提 要

正如人生中成功和失败并存，教育孩子也需要平衡表扬和批评的关系。有了适度的表扬和批评，孩子才会越来越优秀。

本书分为上下两篇，主要探讨父母应如何表扬和批评孩子并掌握好"度"。通过日常生活化的案例分析，告诉父母怎样表扬孩子进步快、怎样批评孩子改正快，为现代父母提供一套切实可行的教育模式。

图书在版编目（CIP）数据

不批评会表扬，培养自觉主动的好孩子 / 李萍编著. --北京：中国纺织出版社有限公司，2020.4（2021.9重印）
ISBN 978-7-5180-6880-7

Ⅰ.①不… Ⅱ.①李… Ⅲ.①家庭教育 Ⅳ.①G78

中国版本图书馆CIP数据核字（2019）第229703号

责任编辑：赵晓红　　责任校对：楼旭红　　责任印制：储志伟

中国纺织出版社有限公司出版发行
地址：北京市朝阳区百子湾东里A407号楼　邮政编码：100124
销售电话：010-67004422　传真：010-87155801
http://www.c-textilep.com
中国纺织出版社天猫旗舰店
官方微博http://weibo.com/2119887771
天津千鹤文化传播有限公司印刷　各地新华书店经销
2020年4月第1版　　2021年9月第2次印刷
开本：710×1000　1/16　印张：12
字数：132千字　定价：39.80元

凡购本书，如有缺页、倒页、脱页，由本社图书营销中心调换

前 言

不管处于哪个年代，对孩子的教育都是值得人们关注的事情。我国的教育，历经了从棍棒教育到赏识教育的过程，纵观这两种教育方法，均失之偏颇，棍棒教育过分强调批评教育，赏识教育过分强调表扬，两种教育方法没有一个平衡点，都容易给孩子带来不利影响。

一味地批评、否定孩子，他们会觉得自己一无是处，时间长了，他们就会丧失自信心、上进心。父母总批评，孩子会感到疲惫，心里会极度反感和抵触，在批评声下，孩子索性"破罐子破摔"。总是一味批评孩子，确实不是教育孩子的好方法。

一味地夸奖也会给孩子带来许多负面影响。经常无原则地表扬孩子，会使他们对表扬习以为常、无动于衷，完全丧失为获得表扬去完成各种任务的兴趣。无处不在的表扬，在某种程度上会成为孩子的一种精神负担。况且，孩子所有的言行举止并非完全正确，他身上不可能没有缺点，这就需要批评。

所以，孩子在成长过程中是表扬和批评都需要的，毕竟表扬和批评是相辅相成的。这两者教育方式没有哪个更多一点、哪个少一点的一定之规，只要孩子做错了事情，那父母就需要对他进行一定程度的批评；如果孩子哪件事做好了，父母就可以给予表扬，鼓励他以后继续好好表现。孩子的成长过程，批评和表扬都是必需的，只有这样，孩子才能在德育方面健康成长。

当然，不管是批评还是表扬，都应该是适度的，切忌过度批评和过度表扬。过度批评，会摧垮孩子的自尊心和自信心，他们会变得萎靡不振，做什么事情都没有动力；过度表扬，会让孩子过度膨胀，变得骄傲自负，这对于以后的人际关系是极为不利的。只有适度的批评和表扬才是最好的，适度的批评可以让孩子改掉不良行为，促使孩子们养成好的习惯；适度的表扬，会强化孩子好的行为，促使他们变得更优秀。

编著者

2019年4月

目 录

上篇　这样表扬孩子进步大

第01章　孩子需要鼓励，如同植物需要水分 ……………………… 002

　　父母要理解赏识教育的真正内涵 ……………………… 002

　　表扬让孩子自信 ……………………… 005

　　罗森塔尔效应：好孩子都是夸出来的 ……………………… 008

　　关注孩子每一个微小的进步 ……………………… 011

　　学会欣赏孩子的梦想 ……………………… 014

　　学会赏识孩子的每一个优点 ……………………… 016

第02章　孩子信息知多少：了解是表扬的基础 ……………………… 019

　　全面客观地了解孩子 ……………………… 019

　　用放大镜看孩子的优点 ……………………… 022

　　瓦拉赫效应：发现孩子的优势潜能 ……………………… 025

　　用爱的目光注视着孩子 ……………………… 027

　　善于发现孩子的兴趣点 ……………………… 030

第03章　孩子越不听话，越需要被关注 ……………………… 033

　　表扬，不仅仅是说一句"你真棒" ……………………… 033

别过分挑剔孩子的缺点 ……………………………………… 035
发现孩子的兴趣并大力支持 …………………………………… 038
正面肯定，让孩子学会尊重 …………………………………… 040
父母要善于培养孩子的创造性 ………………………………… 042
让孩子在激励中发展自己 ……………………………………… 044

第04章 善于发现孩子的闪光点，做聪明的父母 …………048

那个"孩子王"，其实有领导才能 …………………………… 048
孩子异想天开，其实是想象力丰富 …………………………… 051
孩子喜欢乱画，其实是进入了学习敏感期 …………………… 054
孩子喜欢搞破坏，其实是在探索世界 ………………………… 056
孩子总"添乱"，其实是在提升动手能力 …………………… 058
孩子"问题"多，其实是在思考 ……………………………… 060

第05章 正确表扬孩子，别总说"你真棒" …………………064

不滥用奖励，避免"德西效应" ……………………………… 064
对孩子的表扬应及时且具体 …………………………………… 066
遭受挫折的孩子需要鼓励 ……………………………………… 069
肯定孩子的努力 ………………………………………………… 072
正确引导，激励孩子超越自己 ………………………………… 075
父母表扬孩子要注意方式方法 ………………………………… 078

第06章　有效表扬，正面强化孩子的好习惯 …………………………… 081

　　好习惯会让孩子受益终身 ………………………………………… 081

　　孩子做事缺乏主动性，鼓励他自我服务 ………………………… 083

　　孩子比较浪费，鼓励他勤俭节约 ………………………………… 085

　　孩子喜欢拖延，鼓励他行动起来 ………………………………… 087

　　孩子喜欢抢东西，鼓励他学会分享 ……………………………… 090

　　孩子喜欢打闹，鼓励他做好小主人 ……………………………… 093

下 篇　这样批评孩子改正快

第07章　孩子犯错，父母批评有"方" …………………………………… 096

　　孩子的成长需要适当的批评 ……………………………………… 096

　　孩子的成长需要约束 ……………………………………………… 099

　　孩子为什么总不遵守约定 ………………………………………… 102

　　少了批评，孩子会相当任性 ……………………………………… 106

　　没有必要对孩子有求必应 ………………………………………… 108

　　孩子犯错了，父母怎么说 ………………………………………… 110

第08章　了解孩子调皮的原因，不随意批评 …………………………… 113

　　父母其实根本不了解孩子 ………………………………………… 113

　　了解孩子，说他想听的话 ………………………………………… 116

　　过高的期望值会让孩子迷失方向 ………………………………… 119

　　对孩子的"捣乱"行为给予宽容 ………………………………… 120

孩子犯错是正常现象 …… 122

第09章 善于批评，让孩子不断完善自我 …… 126

纠正孩子的性格弱点 …… 126
孩子的错误行为要及时得到纠正 …… 130
让孩子懂得为自己的过失埋单 …… 133
批评也是一种逆商教育 …… 135
正确的批评，让孩子更具自控力 …… 136

第10章 批评孩子，讲究方法和艺术 …… 139

对孩子采取"三明治批评法" …… 139
批评孩子时注意场合和时机 …… 142
父母不要当审判者 …… 144
批评孩子，注意避开雷区 …… 147
讲究批评的艺术 …… 149

第11章 把握尺度，别让孩子被批评所伤 …… 152

破坏性批评，摧毁孩子稚嫩的心灵 …… 152
恐吓式批评，让孩子变得胆小 …… 157
冷嘲热讽，等于培养孩子的施暴倾向 …… 160
暴力惩罚，会给孩子造成不可磨灭的伤害 …… 163
冷暴力，孩子成长路上的阴影 …… 166

第12章　允许孩子犯错，但不允许他们逃避 ·································· 169

　　对孩子进行"纵向比较" ·································· 169

　　父母的教育方式应保持一致 ·································· 170

　　反省，让孩子认识到自己的错误 ·································· 173

　　允许孩子给父母提意见 ·································· 175

　　批评孩子之前，先反省自己 ·································· 177

　　以身作则，你的行为正在影响孩子 ·································· 179

参考文献 ·································· 182

上篇

这样表扬孩子进步大

近些年，赏识教育成为风潮，受这种教育观念的影响，许多父母常在生活中表扬自己的孩子。对孩子适当地表扬的确有利于其学习能力的提升，增强孩子自信心，让孩子更准确地了解行为规范准则。

第01章　孩子需要鼓励，如同植物需要水分

赏识教育源于"教孩子学说话、学走路成功率必定是百分之百"这一教育现象，这是一种尊重生命规律的教育。不管是哪个孩子，只要父母耐心寻找，就一定能发现他的优点，即便他做错了事情，我们也可以从中找到闪光点，父母需要将浓浓的爱传递给孩子，从而达到家庭教育的目的。

父母要理解赏识教育的真正内涵

赏识教育十分重要，孩子永远在等待父母的赏识。不过，赏识教育并不只是表扬和鼓励，父母需要做的是赏识孩子的成果，以强化孩子的行为；也需赏识孩子行为的过程，以激发孩子的兴趣和动机。

对此，父母在赏识教育过程中，需要创造环境，以指明孩子的发展方向，适当提醒，增强孩子的心理体验，从而纠正孩子的一些不良行为。父母对孩子的点滴进步能否给予充分的肯定与热情的鼓励，不单是一个方法的问题，更是一个教育观念的问题。

赏识教育对孩子有很大的好处：

1. 让孩子懂得自尊自爱

孩子在受到指责和冷遇后得不到应有的尊重和信任，往往会产生攻击性行为进而产生逆反心理。实际上每个孩子在成长过程中都会出现一些问题，只是

有些父母比较开明，他们相信孩子是好的，相信孩子是聪明的，同时不断地鼓励孩子，从来不嘲讽孩子。于是，在赏识教育中，他们让孩子感受到尊重，在保护孩子自尊心的基础上指出不足之处，给孩子留了面子，同时还让孩子自己去发现不足之处，学会了自爱，让孩子知道，要得到别人的尊重，第一就是要学会尊重别人，减少了孩子攻击性行为和逆反心理。

2. 帮助孩子克服自卑，增强其自信心

在孩子童年时期，他们自信心主要是来自教师和成人对他的评价。从某种程度上说，孩子的自信是父母和老师树立的，特别是当孩子赢得了成功或在原有基础上有了进步的时候，父母师长要及时肯定和强化，如此，孩子便会有一种感觉：我很行！这就是孩子的自信心，一旦他们拥有了，就会愿意接受任何挑战。

3. 帮助孩子找到他们的潜力

每个孩子的聪明才智和先天禀赋不一样，比如，有的孩子对美好事物的感悟力超强，有的孩子有着强烈的好奇心，什么事情都想要弄个明白。作为父母，我们需要尊重孩子的个体差异，对孩子们的要求不能整齐划一，需要因材施教。

那父母该如何赏识孩子呢？

尽管许多父母都意识到了对孩子进行赏识教育的重要性，不过，许多父母并没有理解赏识的真正内涵。盲目赏识非但不能让孩子从中受益，反而会给孩子的健康成长带来很大的问题。

赏识是父母发自内心对孩子的欣赏，这种欣赏不但可以通过语言表达出来，也可以在不经意间，通过表情、肢体动作流露出来。当然，这些微妙的信息，孩子都是可以感受到的。因此，真正的赏识教育，要求父母从自己内心出发，由内而外地赏识，这样才能真正发挥赏识教育的作用。

1. 发现孩子的"闪光点"

每个孩子都是独一无二的,在他们身上肯定有一些与众不同的地方。对此,父母需要有一双善于发现的眼睛,发现孩子的"闪光点"并及时肯定和强化,让孩子的优点在父母的欣赏和赞美声中发扬光大。

2. 抛弃"理想孩子"的想法

就像我们每个人心里都有一个"理想的自己"一样,基本上所有的父母心中都有一个"理想孩子"的形象,不过,在平时生活中,你的孩子可能并不是你理想中的样子。因此,真正的赏识教育要求父母不用头脑中"理想孩子"作为尺子去衡量孩子,而是尊重孩子,从实际出发,尊重孩子的个性。

3. 赏识孩子的努力

孩子的智力水平相差并不会太大,只不过有的孩子在其中某方面比较擅长一些,有的孩子在另外一方面更擅长一些,而那些先天的因素并不是孩子自己可以决定的。而且,一个孩子最终是否发展得好,关键在于孩子的努力,因此,父母需要赏识孩子的努力和进步,而不是只关注智力因素。

4. 及时肯定孩子的进步

当孩子做得好的时候,父母不要泛泛夸奖,最好是能够发现孩子这一次比上一次好在哪里，这样才能激发出孩子的动力和热情，让他争取下一次做得更好。而且，赏识孩子要趁热打铁，及时鼓励，以免孩子没有得到及时的鼓励而感到失望，否则就会削弱赏识教育的效果。

5. 巧借他人之口表扬孩子

别人的评价是孩子树立自信的一个外在标准，有时候孩子希望得到父母之外的人的赏识。因此，在对孩子的教育过程中，父母可以巧借别人之口夸奖孩子，帮助孩子树立自信心，比如，父母可以说：王叔叔觉得你很有礼貌。

6. 从孩子的错误中发现其优点

孩子犯错是免不了的，他们总是在不断的犯错、纠错的过程中长大的。因此，关键问题不在于孩子是否犯错，而在于父母采取什么样的态度让孩子意识到自己的错误并加以改正。父母要善于在孩子的错误中发现其优点，用赏识的眼光去看待孩子的错误，这比严厉的批评更有作用。比如，当孩子犯错之后勇于承担责任的时候，父母要记得称赞孩子。

赏识是一种理解，更是一种激励。赏识教育，其实是在承认差异、尊重差异的基础上产生的一种有效的教育方法，是帮助孩子获得自我价值感、自信的动力基础，更是孩子积极向上、走向成功的捷径。只要父母能够真正地理解孩子，尊重孩子，赏识孩子，那孩子一定会健康积极地成长。

表扬让孩子自信

父母适度的表扬，可以让孩子自信起来。心理学家认为，自卑经常以一种消极防御的形式表现出来，如妒忌、猜疑、害羞、自欺欺人、焦虑等，自卑会让人变得非常敏感，经不起任何刺激。

孩子自卑心理的产生有多方面的原因。比如，父母能力较强，对孩子期望过高，往往会让孩子产生自卑感，生活在这样的家庭里，孩子总认为"爸爸妈妈什么都行，我什么都比不上他们，怎么努力都没用"；有的则是家庭不完整，让孩子产生自卑心理，生活在破裂家庭中的孩子，得不到父母足够的爱，觉得自己是被社会抛弃的孩子；有的父母采用粗暴、专横的教育方式，严重地伤害了孩子的自尊心，极易让孩子产生自卑心理；有的是父母自身有自卑情绪，平时总说"我不行"，潜移默化地影响孩子，使孩子产生自卑心理。

上述种种，在许多孩子身上都有可能有所体现，这些都是自卑的产物。自卑，就是一个人严重缺乏自信，常常认为自己在某些方面或各个方面都不如别人，经常以自己的缺点与他人的优点比较。自我评价过低，瞧不起自己，这是一种人格上的缺陷，也是一种失衡的行为状态。

1. 避免苛求孩子

父母要帮助孩子建立自信，克服自卑心理，就要设定适度的期望值，不能苛求孩子。父母对孩子的要求应与孩子实际的能力和水平相适应。若孩子取得了好成绩，那父母应及时表扬、鼓励，让孩子对自己充满信心。对于那些成绩稍差的孩子，父母应予以关心和安慰，帮助孩子分析原因，总结经验和教训，对孩子予以耐心的指导，一步步提高孩子的成绩。

2. 丰富孩子的知识

生活中，父母经常发现，当许多孩子一起交谈的时候，有的孩子说得滔滔不绝、绘声绘色，而自己的孩子却只是在一边听，一言不发。这是什么原因呢？这主要是由于孩子的知识面不同，有的孩子见多识广，有的孩子知识面较为狭窄。而那些知识面较为狭窄的孩子更容易自卑，对此，父母需要有意识地帮助孩子丰富知识，开阔孩子眼界。

3. 善于发现孩子的优点

要消除孩子的自卑心理，父母就要善于发现他们的优点和缺点，并为孩子提供发挥长处的机会和条件，让孩子学会理智地对待自己的短处，寻找合适的补偿目标，从中吸取前进的动力，将自卑转化为一种奋发图强的动力。

4. 引导孩子交朋友

自卑的孩子大多比较孤僻、不合群，喜欢把自己孤立起来。而积极的人际关系会为孩子提供必要的社会支持系统，利于自身压力的减缓和排解，如此，其性格也会变得乐观起来。而且，孩子在与人交往的过程中，会更加客观地评价自己和他人。父母要多鼓励孩子交朋友，并教给他们一些社交技能。

5. 帮助孩子获得成功经验

孩子成功的经验越多，他的期望值就越高，自信心也就越强。对于自卑的孩子，父母要帮助他设立符合自身情况的目标，增加成功的经验。当孩子遭遇困境，心生自卑的时候，父母可以引导孩子去做一件比较容易成功的事情，或者参加感兴趣的活动，以消除自卑。比如，孩子在考试中失利了，不妨让其在体育竞赛中找回自信。

6. 采用小目标积累法

许多孩子产生自卑，往往是由于对自己要求过高，忽视自己已经取得的成绩，只是沉浸在大目标无法实现的焦虑中，于是内心就经常笼罩在悲观、失望的阴影中。对此，父母可以帮助孩子制订一个个能在短时间实现的小目标，引导孩子向前看，令其从已经实现的小目标中受到鼓舞，增强自信。随着小目标的积累，孩子不但会形成实现大目标的动力，而且会形成足以克服自卑的信心。

7. 引导孩子正确面对挫折

孩子在生活中难免会遇到失败和挫折，而失败的阴影是产生自卑的温床。对此，父母需要及时了解孩子的心理变化，予以指导，帮助孩子及时驱逐失败的阴影。父母可以引导孩子将失败当作学习的机遇，分析失败的原因，从失败中学习和吸取教训；也可以帮助孩子将那些不愉快、痛苦的事情彻底忘记。

8. 尊重孩子的自尊心

有的孩子自尊心较强，一旦做错事情，自己就会很内疚。假如父母这时再冷嘲热讽，一顿责骂，就会严重挫伤孩子的自尊心。孩子就会破罐子破碎，表现越来越差。所以，当孩子做错事情时，父母应关心、理解孩子，只要孩子知错能改就行了。这样孩子就会排解消极情绪，变得越来越自信。

假如一个孩子被自卑心理所笼罩，其身心发展及交往能力将受到严重的束缚，才智也得不到正常的发挥。父母从小为孩子播下自信的种子，将有助于孩子形成良好的个性品质，增强他们的心理素质，使他们未来的路越走越顺利。

罗森塔尔效应：好孩子都是夸出来的

父母与老师对孩子的期望和热爱，使孩子的行为发生与期望趋于一致的变化，这被称之为"罗森塔尔效应"。心理学家建议：父母要想教育好孩子，就要在孩子面前说出自己的期望。俗话说："好孩子是夸出来的。"这也是无数父母从亲身实践中总结出来的经验，"爱玩调皮叛逆"是孩子的天性，父母需要循循善诱，切不可与之正面冲突。如果你还是沿用"棍棒"教育，让孩子屈服于你的威严之下，只会让孩子更加反感，不仅会影响亲子关系，对孩子的一生也会造成不良的影响。

小豆子刚上小学一年级那会儿，每次放学回家都不认真写作业，妈妈大声斥责，小豆子也一副无所谓的样子，这可把妈妈惹生气了，她忍不住用手打了孩子。最后，小豆子老老实实地坐在那里写作业了，可是，当妈妈检查作业的时候，发现字迹马虎潦草，还有好几处都出现了不应出现的错误。看到这样的结果，妈妈又生气了，又开始训斥小豆子……

时间长了，妈妈发现小豆子越来越不听话，他总是调皮捣蛋，不认真完成作业，而且学会了撒谎。以前孩子可不是这样啊！妈妈为此苦恼极了。

如何教育好孩子，对每一位父母来说都是很棘手的问题，尤其是面对逐渐变得叛逆的孩子，许多父母真是没辙。打也打了，骂也骂了，可就是不见效果，孩子总是不听话。随着年龄的增加，孩子越来越叛逆，凡事都喜欢和父母唱反调，而且你越是打骂，他就越嚣张。有父母抱怨"我已经管不了他了"，但问题真的那么严重么？

父母应该以另外一个角度来看待自己的孩子，多看到孩子的闪光点，进行正面引导，这样孩子就会在夸奖赞扬中逐渐改变那些不良的习惯，而且能够树立起自信心和上进心，形成良好的行为习惯。

1. 摒弃"棍棒"教育，以赏识教育为主

在当今时代，随着社会的进步，人们观念的改变，许多父母都认识到了"棍棒"教育的弊端，并逐渐以赏识教育为主。的确，赏识教育作为一种新兴的教育方式，它主要是赏识孩子的行为结果，以强化孩子的行为；也赏识孩子的行为过程，以激发孩子的兴趣和动机。赏识教育是一种尊重生命规律的教育，逐渐调整了无数父母家庭教育中的"功利心态"，使家庭教育趋向于人性化、人文化。所以，父母在家庭教育中，应摒弃落后的"棍棒"教育，主要以赏识教育为主，这样才有利于培养孩子良好的行为习惯。

2. 多发现孩子身上的闪光点

一个孩子可能会很调皮，也可能学习成绩很差，但这时候，父母不要只看到孩子的缺点，忽视孩子的闪光点。每一个孩子都有闪光点，只要父母做个有心人，一定能在生活的点点滴滴中发现孩子的长处。可能他比较调皮，但计算能力很强；他语言能力也可以，还可以自己编故事；他的绘画也很不错，所画的作品还在班上展出过呢……这样一想，你就会发现夸奖孩子其实并不难。

孩子的每一点进步，父母都不要忽视，要给予真诚的表扬。"你今天一回家就开始写作业了，这个习惯真好，我相信你会天天这样做，是吗？""今天你跟爷爷说话时用了'您'，语气也比以前更有礼貌了，很不错！"长此以往，你会发现孩子在一次次的夸奖中变得越来越有自信，学习的兴趣也一天比一天浓厚，行为习惯也一天比一天好。

3. 任何时候都要注意说话的语气

随着年龄的增长，孩子的自我意识越来越强，他也有自己的自尊心，也有自己的面子。但许多父母还是把孩子当作什么都不懂的孩子，对孩子说话时，从来不考虑自己的语气。这时候，孩子是比较敏感的，父母稍微有些不耐烦，孩子都能感觉到，他会觉得自尊心受伤；如果父母当着许多人的面数落孩子的缺点，则更会让孩子觉得无地自容。所以，在任何时候父母都要注意自己对孩子说话的语气，要以夸奖激励为主，切忌语气过重；另外，在外人面前也千万不要数落孩子的缺点，否则会让孩子自卑。

4. 当孩子取得成绩时，应大方给予夸奖

有时候，孩子取得了不错的成绩，父母心里虽然也很高兴，但总是习惯给孩子浇一盆冷水，"这次成绩还行，可你同桌还比你考得好哩"，这样一下子就把孩子的自信心毁灭了。对于孩子来说，他的心理还很简单，他只希望得到父母的夸奖，如果父母有一点点微词，他就觉得没有了自信心，进而产生自卑的心理。所以，当孩子取得了成绩时，父母千万不要浇冷水，要大方给予夸奖，增强孩子的自信心。

当然，"好孩子是夸出来的"并不是完全绝对正确，教育孩子一味地靠夸奖远远不够。而且，有的父母更是坚持"孩子都是自家乖"这种观念，一味娇宠，这样对孩子的成长极为不利。

无论是夸奖还是批评都应该是适当的，父母不能把孩子捧得老高老高，否则，一不小心摔下来了，孩子和父母都是承受不起的。好孩子是夸出来的，父母更要拿捏好"夸"的度，这样才能培养孩子良好的行为习惯。

关注孩子每一个微小的进步

在教育中，"马太效应"的作用是消极的，所谓"马太效应"就是指强者越强，弱者越弱的现象。假如不注意这种"马太效应"，那就必然造成只重视和培养少数拔尖学生，忽视和放弃大多数学生的现象，形成少数和多数的隔膜、分化、对立。一位8岁孩子的父母说，他儿子学唱歌得到老师表扬，但他提醒孩子不要得意，理由是还有更优秀的孩子。听到了父母这样的评价，孩子觉得很委屈。教育专家指出，许多父母看不到孩子的进步，总喜欢拿自己的孩子的某个方面与更优秀的孩子比，结果是越比越不满意，这样下去孩子的压力也与日俱增。

最近，林妈妈觉得豆豆成绩有所下降，着急的她为了激发豆豆的好胜心，忍不住数落豆豆："你怎么不争气呢，你看你同学丁丁多认真，听说这次考试他又是第一名呢，你要多向他学习，知道吗？""我觉得自己已经够努力了，怎么非拿我跟他比呢，他每次都是第一名，依我说，他还是在原地踏步呢！"豆豆不以为然地丢了这句话给妈妈，林妈妈没有想到豆豆这样说话，她也有点激动了："妈妈这样跟你说，是因为许多小朋友都在努力，你当然要努力点，否则就落后了，到时候成绩下降了怎么办！""哎呀，哎呀，知道了，你别说了，我知道了！"豆豆不耐烦地咕哝了几句，就进屋里了。

林妈妈叹了口气，坐在客厅里沉思了一会儿，推门进了豆豆的房间，发现豆豆正在整理以前的卷子和书本。林妈妈也蹲下来，细心地帮豆豆整理书本，突然发现有一个醒目的分数"69"，林妈妈大叫起来："这是什么考试的分数，我怎么不知道？"那语气大有一番逼供的味道。"哎，老妈，这都是一年级的时候了，当时你还打了我呢，以我现在的能力，睡着了考试也不止这个分数。"豆豆跟妈妈开玩笑，林妈妈松了口气，赫然想起了有句话叫作"对孩子，纵向比不要横向比"，她有些不好意思地说："整理了你以前的成绩，真看出来你进步很多，而且这个月的成绩已经明显比上个月高出了不少，妈妈错怪你了，你可不要生妈妈的气了。"豆豆向妈妈做了一个鬼脸："放心吧，我会努力的，妈妈，只要你看到了我的进步，我就会奋勇向前，总有一天我也会坐上第一名的位置。""嗯，妈妈相信你。"林妈妈信心满满地说。

其实，最好不要总拿孩子作比较，即便是比较，也应该是纵向比，而不是横向比。这里的纵向比就是比较孩子自身的进步，只要孩子比昨天多了些进步，那就是一种收获；横向比，则是比较与孩子同龄的孩子，许多父母都会以自己孩子的某个方面与更优秀的孩子比。这两种比较方法的结果可想而知，前者会让你看到孩子的进步，后者会模糊孩子的明显进步，更提升了父母的期望值。

1. 看到自己孩子的优点

许多父母对于孩子的缺点数落不完，一旦被问到孩子的优点，却显得支支吾吾，半天说不上几个来。其实，这就是因为很多父母只看到了孩子的缺点，而没有看到孩子的优点，即便是孩子有很多优点，父母也会横向比较，觉得孩子比起更优秀的孩子还是有差距，这样一种心理会促使过高的期望值模糊了父母的眼睛。所以，父母应该看到孩子的优点，只要孩子显露出了一个优点，那就要积极赞赏。

2. 孩子微小的一步，都值得称赞的一大步

与同龄最优秀的孩子相比，可能自己的孩子总是显得不那么突出，方方面面都差强人意。但是，比起孩子昨天的表现，你的孩子是否已经进了一小步了呢？以前他可能英语成绩不及格，但现在几乎每次都能跨过及格的大关，取得良好的成绩；或许他离优等生还有一段距离，但是孩子的进步是明显可见的，因而这也是值得称赞的一大步。父母要善于去发现孩子每天的一点进步，可能他今天变得有礼貌，他懂得了尊重他人，他开始学会关心妈妈了……这一些点点滴滴的进步看起来微不足道，却是孩子作出的努力，值得每一位关心孩子成长的父母大力的赞赏。

3. 降低自己的期望值

对孩子不满意的根源，就是父母有着过高的期望值，大多数父母会关注到别人孩子的成绩，继而对自己孩子不满意，这就是典型的横向比较。教育专家指出，父母对孩子不满意，可能会引发孩子的心理问题，当孩子所承受的心理压力过大却又找不到释放的渠道时，就容易出现问题。这时候，父母要改变观念，好孩子的标准是既要学习好，又要身心健康、人格健全。父母要降低自己

的期望值，鼓励孩子的点滴成就，平等地与孩子进行沟通，尽可能地避免使用刺激性的语言，以免对孩子造成伤害。

孩子在纵向比中增强了自信心，却在横向比中丧失了信心而变得自卑，所以，父母要关注到孩子的每一个细小的进步，纵向比而不是横向比。

学会欣赏孩子的梦想

父母往往把自己未能完成的梦想或目标投射到孩子身上，逼迫孩子学习他不喜欢的东西，结果适得其反。在现实生活中，父母往往喜欢为孩子设计梦想，甚至擅自做主地刻进自己梦想的痕迹。

当孩子迈进了幼儿园，父母就开始为孩子规划一步步的成长历程，还想好了孩子以后要读什么专业，成为一个什么样的人。这时候，父母不顾孩子的兴趣与想法，强行要求孩子沿着自己设计的轨道发展，一旦孩子违背了自己的意愿，就对孩子大声责骂，否定孩子所取得的成绩。

孩子小学三年级的时候，妈妈在同事那里听说，孩子如果作为特长生上中学，会有加分的优厚待遇。妈妈想起了孩子的绘画才能，兴奋地跑回家给孩子说了大半天，可是孩子反应平平。妈妈擅自作主给孩子报了绘画培训班，并把这一消息通知给孩子，孩子显得很生气："妈妈，我还没有说自己要去学习绘画呢，我长大之后不想当画家，再说现在功课这么紧张。"妈妈不以为然："妈妈也是为你好，这样你上重点中学就有把握了，妈妈已经把学费都交了，我的小乖乖，你就去学吧。"孩子在妈妈的强烈催促下，无奈去上了绘画培训班。可是，后来孩子的绘画非但没有取得进步，反而落后了，而且耽误了太多时间，成绩也下降了。

孩子到了一定的年龄阶段，自我意识会越来越明确，他有了自己的想法和梦想。在他那小小的心里，他甚至想好了自己要成为一个什么样的人。这时候，父母要尊重孩子的梦想，积极引导孩子，呵护孩子的梦想，不要打击，也不要否定，而要给予全力的支持。父母作为孩子的领航者，应该帮助孩子自己设计梦想，给他的梦想装上两只翅膀，给孩子一个广阔的天地，让他的梦想翱翔于蓝天。

1. 尊重孩子的梦想

父母在培养孩子某些方面的能力的时候，首先须征求孩子的意见，尊重孩子的梦想。这时候，父母可以依据孩子平时的兴趣去理解孩子的梦想，明白孩子真正需要的是什么。就算是孩子的梦想与父母自己设计的有一些偏差甚至严重脱节，父母也要冷静地与孩子沟通，以孩子的梦想与选择为主，在尊重孩子梦想的基础上，向孩子表露出自己的想法，让孩子充分理解父母的想法，但是，最终的选择权还是要交给孩子，父母千万不能擅自作主。

2. 不要把自己的梦想强加给孩子

有的父母自己是医生，认为医生就是最伟大的职业，于是，他们在对孩子的教育中，不断地把自己的梦想强加在孩子身上，希望孩子能成为一名医生；有的父母则相反，他们受够了本职业带给自己的痛苦，他们不断地向孩子灌输这个职业的缺点，让孩子一开始就对该职业充满了反感。实际上，每个孩子都有自己的梦想，父母可以进行积极的引导，但切忌越俎代庖，把自己的梦想强加在孩子的身上。

3. 呵护孩子的梦想

对于孩子的梦想，父母若觉得比较合理，就要给予大力的支持，但这并不是简单地点头，也不是马上就要求孩子付诸实际行动。让孩子为实现自己的梦想而努力奋斗，也需要考虑到孩子的接受能力。孩子树立梦想是一个循序渐进的过程，在孩子萌发了梦想之初，父母要精心呵护，不要对孩子的梦想不理睬，也不要企图拔苗助长。父母要以理解宽容地态度来对待孩子的梦想，这样才能使孩子树立稳固的梦想。

如果孩子的梦想有些不切实际，甚至显得很荒唐，这时候，父母也要耐心地询问孩子，与孩子进行有效的沟通。对孩子的想法，需要支持就要给予鼓励，即便是不需要支持的也要先给予肯定，再引导孩子设计自己的梦想。

4.引导孩子把梦想作为前进的目标

孩子的梦想一旦确立了，父母就可以顺势引导，以梦想激励孩子，鼓励孩子采取一定的行动去实现梦想。父母可以在孩子梦想的过程中不断地进行鼓励并给予一些适当的奖励，让孩子充满自信，追逐梦想。朱永新曾说："谁在保持着梦想，谁就梦想成真；谁在不懈地追寻理想，谁就能不断地实现理想。"父母在教育孩子中，需要更注重寻找孩子的梦想，编织孩子的梦想，以此引导孩子健康地成长。

父母有着望子成龙的心理是可以理解的，但是，为了孩子能够有一个美好的未来，我们应尊重孩子自己的选择，不要把自己的愿望强加在孩子的身上，也不要给孩子过大的压力，这样才能帮助孩子实现美好的梦想。

学会赏识孩子的每一个优点

每个孩子最初都是一只完美的杯子，而后来每只杯子总是被人不同程度地伤害——或父母或老师。最终，被伤害的孩子疏远了父母，与父母之间形成的隔膜日渐深厚。我们经常听到父母大声地责备："你怎么永远那么笨！"教育专家研究发现，在一个普通家庭里，一个孩子平均受到十次批评才能得到一次表扬。所以，许多孩子在成长过程中总是感觉到自己很失败，他们封闭了自己的世界，变得性格孤僻、敏感。其实，父母应对这种情况负主要责任。

很多父母都会犯这样的错误——总是大肆宣扬自己孩子的缺点，好像孩子真的浑身上下一无是处；而当有人问到孩子的优点时，他们却支支吾吾答不上来。许多父母对自己的孩子越不满意、越苛刻，孩子表现就越差，而且性格越来越孤僻，真正成为了父母口中所说的"失败者"。难道孩子真是像父母说的那样没用吗？每个孩子都有自己的优点与缺点，愚笨的父母只放大了孩子的缺点，却忽视了孩子的优点。事实上，孩子在成长过程中也需要适当的赞扬，这样他们才更有勇气去挑战未来，而一味地责备与批评只会打击孩子的自信心，让他们变得自卑、变得敏感。每个孩子都是优秀的，父母要爱得耐心和宽容，多看看孩子的优点，这是每一位在困惑中的父母所需要做的。

1. 正面积极地肯定孩子的优点

有的父母看到了孩子的成绩给予了赞扬，但这样的赞扬只会短暂地出现，让孩子暂时感到骄傲与自豪。当孩子的优点成为一种习惯的时候，他们就觉得孩子的表现已经得到了肯定，便不再赞扬他这种行为了。事实上，这时候，孩子会觉得自己的积极性受到了打击，慢慢就失去了做事情的兴趣。在孩子表现出彩的时候，父母应该给予正面的赞扬与肯定，积极的正面肯定会让孩子感受到父母的喜悦，自己也会获得愉快的心理感受，这样便能强化孩子的表现，促使孩子做得更完美。

2.顺应孩子的特点，欣赏其独特的一面

每个孩子都有自己的特点，有的孩子可能还有轻微的自我封闭倾向，对这种情况，父母也无需大惊小怪。这些特点也是孩子人格的一部分，父母的斥责只会激起孩子的逆反心理，让孩子自我封闭的倾向越来越严重。如果父母发现孩子有一些与众不同的特点，则应寻找出其特性中的积极因素，因势利导，帮助孩子变得快乐自信起来。

3.父母要善于发现孩子的闪光点

每个孩子都是优秀的，但并非每个父母都有一双发现闪光点的眼睛，父母需要善于发现孩子的优点，给予孩子肯定与鼓励，帮助孩子树立起自信，完善自己的人格。比如，有的孩子总是在家里搞破坏，把东西拆了，这从表面上看是一种调皮的行为；但父母若从另外一个角度看，则会发现孩子是喜欢动脑筋的聪明孩子。父母对于孩子的聪明要给予正面肯定，对于孩子的行为也要积极引导，而不能打击孩子的积极性。面对孩子的行为，父母一定要保持冷静，善于去发现孩子的闪光点，尽量以鼓励为主，多一些宽容，少一些苛刻，这样才有利于孩子健康地成长。

第02章　孩子信息知多少：了解是表扬的基础

你对自己的孩子了解多少呢？可能父母会感到奇怪，自己每天与孩子接触，对孩子的很多情况都可以如数家珍，怎么会不了解孩子呢？然而，对于孩子深层次的情况，父母又是否了解呢？父母想把自己的孩子教育好，就必须在了解孩子上下功夫，这是表扬孩子的基础。

全面客观地了解孩子

英国教育家、思想家洛克指出："教育上的错误比别的错误更不可轻视，教育上的错误正如配错了药一样，第一次弄错了，决不能弄错第二次，等第三次再去补救，它们的影响是终身洗刷不掉的。"家庭教育也是一样的道理，父母是孩子的第一位老师，担负着教育孩子的责任，因此，父母首要的任务就是观察并了解自己的孩子。

放学路上，女儿板着一张苦瓜脸，无论妈妈怎么说，她就是不说话。妈妈憋不住了，因为刚才老师向自己反映说女儿上课总是和同桌聊天。妈妈情绪上来了，不分青红皂白地责备女儿："听说你上课总是跟同桌聊天？你怎么回事呢？妈妈这么辛苦到底是为什么呢？你为什么总是做一些令妈妈伤心的事情呢？"女儿一脸委屈："我没有，我只是……"孩子还没来得及说完，妈妈就叫道："你只是什么？只是上课说话吗？你为什么总是喜欢为自己找借口呢？做了错事，还理直气壮地为自己找借口……"

回到家，女儿在日记本上写着：今天我感到很难过，因为妈妈在不了解真相的情况下批评我。也不问我为什么要这样做，就直接说我不对。其实当时是老师讲到了一个难题，同桌觉得没理解，就小声询问我，我当时就跟她讲解清楚。没想到就这样一件小事，老师冤枉了我，妈妈也冤枉我，难道我真的做错了吗？

在现实生活中，许多父母整天与孩子在一起，却对孩子的一些行为表现熟视无睹或者视而不见。大多数父母忙于自己的事业发展，为生活琐事所累，他们很少有时间来观察、了解自己的孩子，所以，父母心中并没有形成对孩子正确、全面的认识。其实，了解孩子是教育孩子的前提。如果父母对自己的孩子缺乏一定的认识，那又何谈教育呢？

"你了解自己的孩子吗？"在被问到这个问题时，几乎所有的父母都会给予肯定的回答："当然了解！"俗话说："知子莫若父。"每一位父母在一定程度上都是了解自己的孩子的，并且他们能够说出自己孩子的一些特点。因为，从孩子出生起，父母就是孩子最亲密最值得信赖的人，所以，父母可以肯定地说"我很了解自己的孩子"。但是，父母自己的看法是不够全面的，有着很多偏差，以至于出现"察子失真"的现象。

1. 充分了解自己的孩子

有的父母觉得，自己天天与孩子在一起，难道对他还不够了解吗？其实，许多父母对孩子的了解还停留在表面上，并没有通过细心的观察，他们的了解并不细致，也不够深入，对自己的孩子了解得并不深，没有从整体上把握孩子。父母可以在下班后与孩子进行交谈，建立信任关系，观察孩子的情绪、性格特点、兴趣爱好，以便充分全面地了解孩子。

2. 切忌片面判断孩子

有的父母在观察孩子的行为时，他们总是以片面的想法来判断孩子，对孩子的想法、行为以及做事判断得都不够准确。有的父母看到孩子某些方面很迟钝，就认为孩子很"笨"；有的父母觉得孩子唱歌不错，就觉得应该让他学习唱歌，父母这样片面性的判断对孩子的成长极为不利。

3. 经常与孩子聊天

在现实生活中，不少家庭普遍存在着与孩子谈话不足的问题。许多妈妈与孩子每天的谈话都少于30分钟，爸爸则更少；他们花了更多的时间看手机或者看电视。其实，父母养成与孩子谈话的习惯非常重要。父母经常与孩子沟通，有利于培养孩子乐观开朗的心理素质，减少和预防心理障碍的发生。而父母在与孩子的谈话过程中，还可以通过对孩子语言举止的观察，了解到孩子在这一成长阶段表现出来的特点。

4. 观察孩子与同龄孩子的异同

除了观察自己的孩子以外，父母还要善于观察与自己孩子同龄的孩子。同龄孩子的身体、智力、心理发展特点都是类似的，如果自己的孩子最近比较沉默寡言，那么就说明他有心事了，或者显得比较早熟。此外，父母还可以制造一些情景，如带着孩子参加活动，带着孩子造访亲友，这样都可以观察孩子与平时不同的表现，了解孩子的行为特点。

其实，孩子就在身边，关键是父母要做一个有心人，要通过孩子的一举一动、一个表情，或者是一句语言，了解他的心理、情绪，全面了解孩子，把握孩子内心深处的东西，从而对孩子进行有针对性的教育，促进他个性的发展。

用放大镜看孩子的优点

日常生活中，父母们的闲聊总是以抱怨开始的："我家孩子太调皮了，一点儿也不听话。""就是，天天好吃懒做，我就在家天天伺候这小祖宗。""学习不好，还总喜欢买新衣服。""天天不把心思放在学习上，就知道去参加什么活动……"父母们极力搜索词汇来形容孩子的调皮、不听话，所罗列的全是孩子身上的缺点。难道孩子真的一无是处吗？

俗话说："尺有所短，寸有所长。"父母眼中一无是处的孩子其实也有自己的优点，而那些优点需要父母用一双善于发现的眼睛去寻找。这个世界不是缺少优秀的孩子，而是缺少善于发现的父母。只要父母认真观察孩子并爱护孩子，就会发现他们身上的优点是很多的。每个孩子身上的优点需要父母戴着放大镜去放大并适时赞美，赞美孩子优点不但可以增强孩子的自信心，还可以让孩子在某些方面得到长足发展。

有人曾说：每天回家发现孩子十个优点的是优秀的父母；能够发现孩子五个优点的是合格的父母；不能发现孩子优点的是不合格的父母。富于智慧的父母总能发现孩子的优点，把孩子的优点放大，而大部分父母只会一眼就看到孩子的缺点。不同孩子，他们身上的优势是不一样的，只要父母用心观察，就一定可以发现孩子的优点。

张财主有三个儿子，但他为此很担忧，总觉得自己的儿子很笨，担心儿子们会败光家产。于是，张财主请了村里有名的秀才来教三个儿子。

没想到秀才却说："我要先考一下他们，只有他们通过考试了才能收他们为学生。"张财主听了暗暗叫苦，三个儿子怕是一个也通不过。第一个考试的是大儿子，秀才说："我考的内容是对联，上联是东边一棵树，请对一下下联。"听到这话，大儿子着急上火，想了大半天也想不出下联，嘴里直念叨：

"东边一棵树，东边一棵树……"张财主在旁边暗暗着急，没想到秀才却说："他一直说这句话，看来记性还可以。"第二个考试的是二儿子，没想到秀才依然出的是那道题，二儿子已经听哥哥说过这道题了，张口就来："西边一棵树。"张财主在旁边抓紧了手，没想到秀才说："东边对西边，还不错，可以。"最后出场的是三儿子，依然是那道题，结果三儿子思考了大半天，也没有想出下联来，不禁急得大哭，张财主觉得儿子表现太差了，这时秀才说："这孩子知道羞耻，孺子可教。"

就这样，秀才收下了张财主的三个儿子，然后把他们培养成了有用之才。

在张财主眼里，孩子一无是处，谁也不中用。但秀才发现了孩子的不同之处，并一一赞美他们，给他们树立信心，最终把他们培养成才。用放大镜看孩子的优点，是父母教育理念的创新。富于智慧的父母，总会以欣赏的眼光看待孩子，哪怕是孩子一个微不足道的优点，经过父母放大之后也会变得异常可贵。

日常生活中，父母总习惯寻找孩子的缺点，甚至放大这些缺点，不仅如此，父母还拿孩子的缺点与其他孩子的优点比较，经常说人家的孩子如何优秀、如何懂事，在父母眼里，其他孩子什么都好，就是自家孩子一无是处。

许多父母对孩子有极高的期望，希望孩子能够出人头地，他们对孩子有极高的要求，希望孩子什么都优秀，什么都比别的孩子强，对孩子表现出来的一些优点假装看不到，而又抓住孩子的缺点不依不饶。

孩子在成长过程中，需要他人的肯定，这需要父母找到合适的理由与机会，在生活中放大孩子的优点，调动孩子的积极性、参与性。关注孩子的优点，就是关注孩子的成长。

1. 找准表扬孩子的点

生活中，父母不能随意表扬孩子，不能有事无事就对孩子说"你真棒"，否则只会给孩子一种敷衍的感觉，他们并不知道自己做了什么而得到表扬，所以父母在表扬孩子时需要找准点，表扬孩子一定要具体，只有这样才能让孩子真正得到认可，这样对孩子的成长也非常有利。当孩子做了什么事情后，父母要针对这件事作出表扬，这样可以更好地调动孩子的积极性，让孩子的言行朝着良性方向发展。

2. 反复肯定孩子的优点

当孩子学会关心他人之后，父母可以反复肯定孩子的这个优点，如"宝贝很有爱，这样可以给人温暖""今天爷爷夸你了，说你长大了懂事了"。这样反复肯定孩子的优点，让孩子感觉到父母在关注他们的成长，自己的优点父母时刻关注着。反复肯定孩子的优点，并不是简单地重复，而是给孩子一种心理暗示，这是一种格外的肯定。

3. 肯定的态度要真诚

父母肯定孩子时态度要真诚，表扬的话也不能随意说出口。通过对孩子优点的肯定，可以让孩子的价值得到充分的体现，而父母需要做的就是态度真诚，这样会给孩子一种感觉：父母是在真心地肯定我，我应该好好努力，发挥好优点，争取未来更大的进步。

4. 当众肯定孩子的优点

父母在赞扬孩子时可以选择人多的场合，当众肯定孩子的优点，这实际上是对孩子的做法作一种宣传，当众表明这是一种榜样的力量，同时给予孩子压力和动力，可以更快地促进孩子的自我成长和自我约束。当然，当众肯定孩子的优点，也可以很好地满足孩子的虚荣心。

5.列举孩子的优点

父母在表扬孩子时可以列举他的一些优点，如"宝贝，你看你会画画，又会唱歌，而且能帮妈妈干活，真不错"。通过列举孩子的优点，让孩子明白自己优点的重要性，通过表扬孩子越来越多的优点，让孩子取得越来越多的进步，实际上，孩子的进步是需要优点来支撑的，这样会让孩子滋生出一种自豪感和成就感，这样可以有效提高孩子的自信心。

瓦拉赫效应：发现孩子的优势潜能

父母所不知道的是，每个孩子都是一座等待挖掘的宝藏，每个孩子都具备成才的潜质，且具备自己独特的优势，重点在于父母能否激发出孩子这些潜在的资源。一个人具备多种才能，而学习成绩只是代表了语言和数学能力，仅仅根据学习成绩，无法完全了解到孩子的优势潜能。所以，父母在日常教育中要注意发现孩子的优势潜能，然后放大，这是孩子未来成才的潜力。

没有一个孩子天生就是笨蛋，在家庭教育中，如果父母要帮助孩子激活潜能，这远比让孩子机械地学习要好得多。然而，现实生活中，大部分的父母只是盯着孩子的学习，完全忽略了孩子潜质的开发，孩子成绩不好就斥责，这样只能压抑孩子，阻止孩子的进步。不仅如此，父母们还会放大孩子的缺点，并快速定性，总认为孩子这也不是、那也不对，这样只会让孩子越来越自卑。

心理学家认为，孩子的成长遵循着一种规律，也就是孩子的天赋随着年龄的增长而递减，开发孩子智力越晚，孩子与生俱来的潜能就发挥得越少。所以，有一句话是"孩子教育越早越好"。许多父母对此颇有疑虑，毕竟，孩子太小就开始教育，于心不忍，他们也不希望孩子小小年纪就背上学习的包袱。但事实上，孩子早期智力开发是很有技巧的，并非教条般学习，而重在智力开发。

至于教育越早是否越有效，我们可以举一个例子：一棵橡树在适宜的环境，可以长到30米，这就是它的潜能。然而现实是，没有一棵橡树能长到30米，通常只会到12~15米，假如生长环境打了折扣，只能生长到6~9米；假如土壤肥沃，精心培育，则可达到24~26米。所以，对孩子的早期教育可以有效地开发其潜能，更容易造就天才。

教育专家通过大量研究表明：假如孩子从5岁接受教育，即便是非常好的教育，将来也只能具备80分的能力；假如从10岁开始教育，就只能达到60分的能力，这就是天赋递减法则的典型例子。

有位母亲对女儿的教育方式十分独特，她从来没有辅导过女儿做功课什么的，而是每天回来跟女儿聊10分钟，每次只聊四个问题，这就是她全部的家庭教育。这四个问题是：学校有什么好事发生吗？今天你有什么好的表现？今天有什么好收获吗？有什么需要妈妈帮助的吗？

这些看似简单的问题背后其实蕴涵着丰富的含义：第一个问题其实是在调查女儿的价值观，了解她心里面觉得哪些是好的，哪些是不好的；第二个问题实际上是在激励女儿，增强她的自信心；第三个问题是让她确认一下具体学到了什么；第四个问题则有两层意思，一是我很关心你，二是学习是你自己的事。

1. 正确认识孩子

父母需要正确认识孩子，了解其优势潜能。比如，孩子总是坐不住，好像患上"多动症"。父母面对这样的情况，不应该马上训斥，而应让孩子有活动的机会，如每天给孩子固定的运动时间，去跑步或打羽毛球等，让孩子的天性尽情释放。

2. 及时发现培养孩子的天赋

父母要善于发现孩子的天赋，并及早启发孩子。比如，孩子对音乐比较敏感，那就要及早开发，让孩子在艺术这条道路上越走越好。父母要注重孩子后天的启发，更需要先了解孩子的天生特质，这样父母的启发与辅导才会更有效果。

3. 因材施教

了解孩子的天赋潜能后，还需要尊重孩子，因材施教。孩子在哪方面有天赋，就注重这方面的教育，把孩子培养成为某个行业出类拔萃的人。父母在这个过程中所充当的就是引路人的角色，帮助孩子挖掘潜能，激励孩子朝着潜在的优势方向前进和进步。每个孩子都有成为千里马的潜能，而父母就是孩子的伯乐。

用爱的目光注视着孩子

许多父母都很关心孩子的学习，眼睛总是死死地盯住孩子的学习成绩，每天就像例行公事一样冷冰冰地问孩子"今天学习怎么样""考试了吗，考得怎么样"，望子成龙、望女成凤的心思让他们忽视了对孩子健康的关注，尤其是孩子的心理健康。很多父母只知问孩子学习情况，而从不问"你今天过得快乐吗"，对此，孩子原本愉快的心情，在父母冷冰冰的语调下以及板着脸的注视下，立即消失得无影无踪。于是，父母抱怨"孩子大越不听话，连父母的话都不听了""感觉到孩子与我有了很深的隔膜，也不像以前那样跟我亲近了"。

其实，问题的根源就是父母的微笑太少了，责备太多了；鼓励太少了，批评太多了。当孩子想与父母进行有效的沟通，父母却关紧了自己那扇心灵之门，只留给孩子一张面无表情的面孔时，试问，孩子还会与你亲近吗？

妈妈的望女成凤之心十分迫切，平时最关心就是女儿的学习。每天女儿高高兴兴、蹦蹦跳跳地背着书包放学回来时，总是兴高采烈地喊上一句："爸爸妈妈，我回来了。"在书房里忙活的爸爸会应一声，妈妈则会板着脸问："今天学习怎么样？布置了哪些作业？最近又考试没有？考得怎么样？"在妈妈的连珠炮般的追问下，女儿一张笑脸变成了苦瓜脸，悻悻地提着书包进屋学习去了。时间长了，女儿就有意地避开妈妈，放学回来也不像以前那样兴高采烈地高声呼喊他们了，而是偷偷地溜进自己的房间，有时候甚至把门也锁上。隔着房门，妈妈也是语气冷冽地问："这次考试怎么样？"然后便传来女儿闷闷的一声"嗯"。

离期末考试越来越近，妈妈感觉女儿与自己的距离越来越远了，女儿的话更少了，总是郁郁寡欢的样子，有时候还发现她早上偷偷地抹眼泪。妈妈问她，她也不吭声，妈妈慌了，女儿这是怎么了？

心理学家研究发现，健康的性格是感受和创造快乐的重要方面，注重培养孩子快乐的性格，有利于孩子健康成长。孩子需要父母的微笑和父母友好的态度，而不是公事化的语调或者面无表情的一张脸。有时候，父母会抱怨"孩子开始疏远自己"，而这种情况很大程度上都是源于父母对待孩子的态度。虽然父母是成年人，可能会有许多生活和工作的烦恼，但是在面对孩子的时候，请给孩子多一些微笑，走进孩子的心灵深处，了解他的思想，把你的快乐传递给孩子，缩短与孩子之间的心理距离。

小贴士

1. 营造和谐愉快的家庭氛围

有的家庭气氛比较容易紧张，父母总是板着一张脸，为了一点点小事就吵架。心理学家认为，在这样家庭环境中长大的孩子，容易疏远父母，甚至容易出现不良的行为。家庭对于孩子来说是一个温馨的港湾，一个可以嬉笑快乐的地方，愉快的家庭气氛，可以使孩子养成乐观、积极向上的性格；同时，可以增加父母与孩子之间的亲密度，因为父母那友好的笑脸给予孩子信任与温暖。所以，父母之间互敬互爱，多对孩子笑笑，家庭气氛充满了欢声笑语，对孩子来说这是非常有必要的。

2. 在孩子面前控制自己的情绪

有时候，父母也会因为工作和生活上的一些烦恼而愁眉苦脸，这时候，为了孩子健康成长，需要努力控制自己的情绪，面对孩子露出笑脸，让他感染快乐的情绪，与自己亲近起来。许多父母自己有了烦恼后，就会对孩子大吼大叫，冷着一张脸，说话也是冷淡的语调；有的父母在孩子犯了错后，控制不住自己的情绪，对孩子非打即骂。这样时间长了，孩子就会逐渐远离父母，与父母之间的隔阂越来越深，根本不利于父母与孩子之间的顺利交流。所以，在孩子面前，父母需要努力控制自己的情绪，多给孩子一点微笑，多一些鼓励，这样孩子与你的距离就会越来越近。

3. 多一些微笑与鼓励，少一些责备与批评

家庭教育是教育的重要部分，家庭教育的方式也成为了重中之重。父母对孩子要多一些微笑与鼓励，少一些责备与批评。责备越多，孩子所受到的心灵伤害就越多，他心中对你的防御与反抗就会越多，父母与孩子之间的距离就会越来越远。所以，父母要改变自己家庭教育的方式，给孩子多一些微笑与鼓

励,少一些责备与批评,做孩子最亲近的知心朋友。这样,在孩子的成长路上,你才能走进孩子的心灵世界,读懂孩子的真实内心。

善于发现孩子的兴趣点

每一个孩子都有强烈的好奇心,面对着世间万物,他那小小的心灵总是充满了好奇与渴望,作为父母,我们应该寻找出孩子的兴趣点,帮助孩子挖掘出巨大的潜能。有的父母要求孩子练钢琴、学画画、背唐诗,不管孩子是否喜欢,强迫孩子练习。其实,这样会无形之中扼杀孩子的兴趣爱好,压制孩子的天性,更会使孩子产生一种逆反情绪。这样做非但不会促进孩子的健康成长,反而会害了孩子。

上小学一年级的一个早上,孩子突然来了灵感,即兴作了一首关于春天的诗,妈妈赶忙起床帮他记录下来,之后又用彩色打印机打印了出来,把即兴的发挥和创作呈现出来。后来,孩子还向同学朗诵了他的诗作。每次妈妈带着孩子去公园回来,都会让他写一百字左右的游记,把游览中的所见所闻以及感受写下来。爸爸买了几只金鱼放在家里来养,妈妈也让孩子观察金鱼的成长情况,写一些关于金鱼的观察日记。一年级下学期,孩子代表班上参加了鲁迅杯作文竞赛并进入了复赛,孩子被老师亲切地称为"小作家"。

孩子对科学也有很大的兴趣,日全食的时候,妈妈事前就带着他上网查询了有关日全食的各种信息和图片,让他参与观看了日全食全过程;"嫦娥一号"发射期间,妈妈也陪着孩子看了发射全过程,之后还随时关心"嫦娥一号"的进展情况;奥运会期间,孩子在爸爸的介绍下,认识了各种运动项目。对于孩子感兴趣的东西,妈妈和爸爸总是尽量地提供支持和帮助。

小贴士

1. 兴趣是最好的老师

兴趣对于孩子来说是一种重要的非智力因素，对其今后一生的发展都有决定性作用。如果一个孩子有了强烈的兴趣和求知欲，他就会努力学习，积极主动探索，进而爆发出前所未有的潜能。正所谓"兴趣才是最好的老师"，如果孩子根本没有任何的兴趣，那么父母强迫孩子学习也不会有效果。许多人的成才都说明了这一点，牛顿小时候对机械很感兴趣，喜欢拆钟表、风车，正是由于强烈的兴趣，牛顿成功地发现了力学三大定律和万有引力定律。所以，对于父母来说，培养孩子的兴趣十分重要，而且有利于孩子的学习。

2. 让兴趣成为孩子的特长

每个孩子都有感兴趣的东西，对此，父母要加以正确引导，使之发展成爱好。但是，孩子所感兴趣的东西是不固定的，具有多变性，可能他今天喜欢画画，明天喜欢唱歌，后天又喜欢上钢琴了。有些父母面对这样的情况就没有办法了，认为孩子不能成才。其实，并不是这样，父母应该耐心等待，帮助孩子确立一个较为稳定的兴趣，并在这一兴趣多花一些功夫，充分创造条件，加以鼓励，使兴趣成为孩子的特长。当孩子觉得厌烦而想放弃的时候，父母也要鼓励孩子战胜困难。

3. 善于捕捉孩子的兴趣

父母要善于捕捉孩子的兴趣，对自己的孩子多进行仔细地观察，发现孩子的兴趣就要正确引导。若孩子性格有些内向，父母需要主动与孩子交谈，明白他所感兴趣的是什么，寻找其兴趣点；有的孩子兴趣比较强烈，经常不顾场合就表现出来了，这时候父母也要循循善诱，不要以压制的方式，而应引导孩子把那强烈的兴趣发展成为爱好特长，使孩子在擅长的方面有所成就。

4. 以孩子的意愿为主

另外，父母对于孩子的兴趣只是引导，不能凭着自己的意愿强行决定，如社会潮流、自己的职业、偏爱，等等。如果你违背了孩子的意愿兴趣，强迫孩子做他并不感兴趣的事情，也不会取得很好的效果。当孩子对某一事物的兴趣过于强烈，以至于影响了课程，这时候父母也要帮助孩子分清主次，向孩子讲清楚，只有做好功课，才能进行深入研究，使孩子把兴趣和学习结合起来，共同发展。

第03章　孩子越不听话，越需要被关注

生活中，不论孩子看起来有多么不听话，他们依然需要父母的关注和表扬。表扬，可以有效增强孩子的自信心；表扬，可以让孩子拥有分享喜悦的能力；表扬，可以让孩子每天都生活在快乐之中。

表扬，不仅仅是说一句"你真棒"

赏识教育不但是一种教育方式，更是一种心态。每一个孩子都有自己的长处和短处，不过并不是每一个孩子都有能力把短处变为长处。因此，父母需要有一颗宽容的心，不要时时刻刻揭孩子的短，这样孩子才会有信心发展自己的长处。比如，有的孩子学习成绩不理想，不过动手能力、生活能力很强，所以，即便孩子考试不及格，父母也不要太过批评他，只须在考试后鼓励孩子。

假如孩子在学习方面只是有了很小的进步，父母也应及时地表扬。父母需要理解，即便孩子考不上大学，成为一名优秀的技术工人，也是一种人生的成功。父母需要学会宽容、真诚地善待孩子，这样之后你会发现每个孩子都有自己的优点。

小贴士

1. 真正的赏识来自父母的内心

父母总是希望自己的孩子是最好的，不过，在父母的眼里，自己的孩子总

是不如别人的孩子好，这到底是为什么呢？这主要源于父母望子成龙、望女成凤的心态。实际上，每个人都有优点，也有缺点，孩子也是一样。因为父母每天跟孩子生活在一起，所以他们总是看到孩子的缺点，而渐渐忽视了孩子的优点。

在中国的家庭里，父母常常会拿自己孩子的短处和别人孩子的长处相比，甚至将别人的孩子过度地美化和夸张。他们本来想给自己的孩子树立榜样，实际上却给孩子带来很大的伤害，甚至会影响到孩子的一生。

每个孩子都有自己的长处和优点，尽管孩子的天资有别，学习事物有快有慢，学习成绩也有高有低，不过，判断一个孩子的好坏，不能只取决于某一个方面。父母不能只凭长相、成绩等某个方面就认为孩子不如别人、没有出息，而应该善于发现孩子的优点，发现孩子的长处，坚信自己的孩子是最优秀的，把赞美声送给孩子，让他在赞美声中继续发扬自己的优点和长处。

2. 赏识孩子后天的进步

赏识孩子的时候，只能赏识孩子的努力，而不应该赏识孩子的聪明与漂亮，因为聪明与漂亮是孩子先天的优势，而不是孩子值得炫耀的资本和技能。努力和进步则不是这样，这是孩子后天的表现，应予以肯定。

父母应该赏识孩子的勤奋和努力，对孩子的努力给予最热情的支持和鼓励，不要因为自己孩子的笨拙而感到气馁，孩子的不努力才是父母最该担心的。所谓的天才，其实是百分之一的聪明加百分之九十九的勤奋。父母应该淡化孩子的聪明，重视孩子的努力，并把这种理念传递给孩子，让他们感觉到只有努力才可以赢得称赞，最终他们会明白这个道理：聪明往往只能决定一时的成败，而努力则决定了一世的命运。

3. 及时赏识

每个人都希望获得别人的认同，孩子更是这样，特别是来自父母的肯定。孩子通过自己的努力，在学习或者比赛中赢得好成绩，这就是值得父母赏识的事情。这时父母就应该及时给予热情的赏识和赞扬，许多事实证明，及时赏识和赞扬孩子，比后面再给予赞扬所起到的作用要大很多。

有时孩子需要的不仅是父母一句赞扬的话，他们更需要得到父母的重视和关心。假如父母没有对孩子的成绩表示出及时的关注，那么会让孩子们感到失望，甚至有可能让孩子失去继续努力的动力。及时赏识孩子，表现出父母真心的赏识，这将会向孩子传递一种强大的精神力量，会让孩子更加自信，从而激励孩子奋发向上，让孩子健康快乐地成长。

许多中国父母把赏识与赞扬等同起来，在他们看来，赏识孩子就是告诉孩子："你真棒！"其实，赏识教育远远不是说一句"你真棒"这样简单。赏识首先应该是一种心态，一种欣赏孩子的心态，而赞扬只是赏识的一种手段而已，父母只把赏识的心态融入到称赞中，孩子才会感受到赏识教育的力量。

别过分挑剔孩子的缺点

当孩子年龄比较小时，他们对父母的举动不会有太大的反应；而等孩子长大了，到了上初中的时候，他们就进入了叛逆期。其实，无论孩子年龄大小，父母都不应用挑剔的眼光去看待自己的孩子。因为，每个孩子都有自己独立的想法，都有自己的心理反应，假如父母不顾孩子的自尊心，一味地挑剔，就会让孩子在打击声中越来越自卑。

当孩子还很小的时候，父母呵护备至，担心孩子受一点点伤害，几乎都是按照孩子的想法来做事。随着孩子长大了，懂事了，父母却发现孩子出现问题了，出现毛病了，总认为和自己想象的差很远，于是父母便开始按照自己的意愿来要求，来刻画自己孩子的模型，看孩子哪里都用挑剔的眼光，不是这个不行，就是那个不行，总是在说孩子存在的各种问题。在他们的口中，似乎孩子是没有优点，只有缺点。如果父母们总是用挑剔的眼光看孩子，那么对孩子的成长是很有害的。

许多父母的挑剔是多方面的：

1. 过高的要求

许多父母为孩子制订了过高的要求，如学习成绩要优秀、生活习惯要好、要参加各种活动和培训班等，都是让孩子按照父母设定的要求去做，孩子自己没有控制权。有的父母对自己的孩子要求很高，孩子不能犯一丁点错误，一旦出错，就会受到责骂和打击，在这样成长环境下的孩子容易自卑，做事情不能放开做，想问题没主见，做事情不独立。这样的孩子长大后，思维比较狭窄，考虑问题不全面，没有创新意识，而这都是小时候造成的，因为父母没有给孩子思考问题的机会，没有给孩子创新的机会。

2. 过于挑剔

父母对自己的孩子过于挑剔，往往在一件小事中挑出无数个毛病。对待孩子身上的毛病，父母需要一分为二地去看待，毕竟孩子很小，毛病肯定会有，这世上也根本不存在没有毛病的孩子。有的父母见自己孩子学习成绩不好，就觉得他什么都不好，看到小孩子出现小问题，就用放大镜去看，以偏概全，结果孩子就在父母挑剔的眼光中自卑而委屈地成长。

有一次几十个中国孩子与外国孩子一起进行了某项测试，并让孩子把测试分数拿回家给各自的父母看，结果，80%的外国父母对自己的孩子表示满意，而中国的父母看了孩子的成绩后，有80%表示不满意，而实际上外国孩子的成绩还不如中国孩子。这是为什么呢？中国的父母总习惯用挑剔的眼光来看待孩子，而外国父母则习惯用欣赏的眼光看待自己的孩子，许多父母希望孩子成材的心太过急切，他们好像容忍不了孩子暂时的落后与普通的成绩，往往把自己急躁的情绪撒在孩子身上，对孩子呵斥、打骂，这样做往往是适得其反。

小贴士

1. 用发展的眼光看待孩子

父母应该用发展的眼光看待孩子，允许孩子犯各种错误。同时，父母要及时帮助孩子改正，不要等到事过境迁，自己有时间或猛然想起孩子以前犯过的错误时才去教育孩子，否则就违背了教育的及时性，至此，即便父母怎么样说，孩子也不会听你的。

2. 等待孩子慢慢成长

父母要学会等待孩子的成长，孩子毕竟还很小，他的想法不可能跟大人一样，父母要允许孩子有自己的想法、做法。虽然目前孩子达不到父母所设定的理想层次，但等孩子长大了，见识多了，他就会慢慢地纠正以往那些不足的地方。

3. 了解孩子的想法

父母要学会和孩子共同探讨一些问题，从而了解孩子的想法，引导孩子的思维，同时激发孩子对知识的渴望。父母要允许孩子说出一些稀奇古怪的想法，让他自己去找资料来验证，或者由父母给孩子提供资料。

每个孩子都是为了得到欣赏而来到人间的。假如父母总是用挑剔的眼光看孩子，看重孩子的弱点和短处，小题大做，不断夸张，就会让孩子自暴自弃；假如父母用欣赏的眼光看孩子，注重孩子的长处和优点，就会让孩子的心灵得到舒展，潜能得到发挥。即便孩子现在的表现还不能让你满意，也不要太过于着急，而要用欣赏的眼光看待孩子，发现孩子的优点和长处。当然，欣赏孩子并不是一味地鼓励或赞扬，而是要真正认识到孩子的才能和所做事情的价值，并给予充分的重视和赞扬，支持孩子朝着他自己所喜欢、所擅长的方向发展，让孩子最终获得精彩的人生。

发现孩子的兴趣并大力支持

人们经常说："兴趣是成功的第一任老师。"所有的成功都是从最初的兴趣开始的，兴趣是一切行为最初的出发点和原动力，是一切成功的基础。犹太人非常重视幼儿的兴趣教育，正因为如此，犹太民族中才会涌现出无数的天才。爱因斯坦、玻尔、斯皮尔伯格的父母很早就认识到好奇心对孩子成才的巨大作用，所以他们才能培养出影响世界的天才。

孩子经常会向家长提出各种各样的问题。这时，家长应该努力激发孩子的兴趣，不要急于将自己知道的知识告诉孩子，应该让孩子自己找出答案。如果随着知识的增加，孩子失去了当初的好奇心和兴趣，父母就要不断想办法让孩子不仅仅满足于已经学会的知识，而是向更深的知识领域进军。

父母在孩子刚开始学习的时候，应不断地向孩子灌输学习是一件甜蜜而快乐的事情这种思想，这样孩子从小就会对学习产生兴趣。孩子如果在学习上不断取得成功，就会产生更浓厚的兴趣，会无意识地激励自己不断地学习。

要想使孩子在某一领域有所建树，重要的是不断地培养孩子的兴趣。兴趣是成功的第一任老师，也是成功的起点。一切兴趣皆是由好奇心使然。如果在孩子很小的时候就注意激发孩子的好奇心，并鼓励他们不断地继续研究下去，就能使孩子走向成功。

小贴士

1. 让孩子保持浓厚的好奇心

父母应该让孩子保持浓厚的好奇心，并引导孩子采取实际行动去接近那些美好的事物，为其揭开神秘的面纱，如游戏这么好玩，它是如何设计出来的？孩子想要去解决这些疑问，就会进一步地钻研，翻阅计算机书籍或者百科全书，这样就产生了兴趣的开端。

2. 让孩子保持稳定的兴趣

我们要给孩子培养一份兴趣，就要让他们不间断地去熟悉它，让它逐渐成为孩子生活的一部分，孩子每天都接触到它，时间久了自然会"上瘾"。比如，喜欢打篮球的男孩子，一天不打就觉得全身没劲，那是因为篮球已经成为了他们生活中的兴趣。

3. 将兴趣延伸，使之成为孩子的特长与技能

如果孩子整天都玩电脑，但只是随便地消磨时间，并没有将自己对计算机的兴趣延伸，那么，这样重复下去，他将对计算机失去兴趣。当孩子在对某件事物感兴趣的时候，需要有一个深入的方向，将孩子的兴趣延伸，一层一层地向前"翻阅"，让孩子在兴趣中收获快乐。

4. 让孩子认识一些志同道合的朋友

父母可以引导孩子结交一些志趣相投的朋友。比如，孩子喜欢文学，那就选择几位文学爱好者。这是因为孩子即使对某样事物有着极大的兴趣，也总会有停滞的时候，这时候，如果有几个朋友在旁边加油鼓劲，便会让孩子对兴趣事物越发专注。

小孩子对一切都感到非常好奇，他们认为一切都是非常有吸引力的，这时候，他们会想尽办法进行研究，但是自己的智力和知识又不够充足，好奇心

就会成为他们不断学习的动力。随着年龄的增长，孩子的智力也不断增长，这时，孩子的好奇心就会逐渐地减弱甚至消失，以至于对一切都习以为常。明智的父母会鼓励孩子对自己感兴趣的东西进行研究，随着时光的流逝，孩子的兴趣就会不断地增长。

正面肯定，让孩子学会尊重

父母必须重视孩子在"尊重别人"这一方面的教育，这毕竟是影响孩子一生的美德。只有尊重别人的人，才会在某些方面有更多机会——在与伙伴朋友的相处中，会变得更有人缘；在学习上，更容易得到同学和老师的帮助；在工作中，更容易得到老板的器重；在事业上，更容易得到同事的帮助和支持，这样的人，才更容易获得生活和事业的双丰收。懂得尊重，应该从小培养，只有尊重别人的人，才能得到别人的尊重。犹太父母在孩子很小的时候就注意培养孩子尊重别人的习惯，他们告诉孩子，只有尊重别人的人，才会赢得别人的尊重，才能因此迎来成功的机会。

安迪是一个只有3岁的小孩子，由于家里就他一个孩子，所以他的父母都非常疼爱他。安迪觉得父母对他百依百顺是应该的，因为父母就他一个孩子，所以就应该非常乐意为他服务。父亲发现孩子有这样的心理后，变得非常担忧，他觉得孩子一切都还好，就是不会尊重别人，对待父母现在就这样，那以后的结果真的很是令人担忧，于是他就想用种方法将这个问题解决。

有一次，安迪要喝牛奶，他对着正在做家务的母亲喊道："给我拿瓶牛奶。"母亲刚想去做，安迪的父亲将她拦住了，他向她使了个眼色，他觉得这就是解决问题的突破口。母亲于是又重新去做她正在做的家务。安迪见母亲迟迟不来，就冲着父亲的方向喊道："我要喝牛奶。"父亲也不吱声。安迪感觉很不解，就过来问父亲："为什么你们都不给我拿牛奶？""孩子，你已经快上幼儿园了，这说明你已经是个大人了。既然是大人，那就应该用大人的办法解决大人的问题。你让我们帮你拿牛奶，那为什么不知道称呼我们呢，这样我们怎么会知道你是在请谁帮忙？请人帮忙是一件麻烦别人的事情，尤其是别人在做着其他事情的时候，更是如此。所以你请人帮忙就不应该这样理直气壮，你应该知道，如果你的态度不诚恳，别人是不会帮你的。"安迪若有所思地想了想，然后觉得父亲说得有道理。"那我应该怎么说，才是正确的呢？"安迪问道。"应该像这样，妈妈，帮我拿瓶牛奶可以吗？"父亲说道。安迪于是就对父亲说道："爸爸，帮我拿瓶牛奶可以吗？"父亲很高兴地帮助了他。安迪在父亲的教育下，终于学会了什么才是真正的尊重人。

孩子是需要从小培养的，在孩子年龄尚幼时，他们接受的教育很容易影响到他们。现代社会独生子女越来越多，有些父母不注意培养孩子的道德品行，如此一来，孩子在长大以后，依然不会尊重别人，而且，随着年龄增大形成习惯，便很难再改。这个时候所有的一切已经定型了，就算是想有所改变也是不可能的了。

小贴士

1. 引导孩子尊重别人

身为父母的人，都应注重孩子在这方面的教育，不要以为孩子还小，这些教育不适合在现在进行，大量的事实证明，这一想法是错误的。如果在孩子很小的时候就忽视了这方面的教育，那么，以后进行弥补的代价，就会变得更大。一个不会尊重别人的人永远不会得到别人的尊重。尊重别人表现在生活中就是，对别人一定要有适当的称谓，这是尊重别人的最起码的常识。

2. 让孩子学会礼貌用语

孩子请别人帮忙的时候，要让他知道这是在麻烦别人，不是别人麻烦你，如果你的语气不好，别人是不会帮助你的。如果别人有求于你，你就应该想想自己是否能做到，如果可以做到，那就尽全力地帮助别人；如果的确超出了自己的能力范围，那就应该坦言相告，如实地说出自己的难处，这样别人也不会怪罪你的。

这种教育方式值得每个父母学习，只有在孩子小时候就关注孩子在道德方面的教育，孩子长大以后才会成为一个对社会有用的人，才能不断地走向成功。

父母要善于培养孩子的创造性

有研究资料显示，外国中学生平时看上去学习不大用功，却能时常提出一些独特的创新见解；而我国中学生平时学生刻苦，成绩也不错，遇到问题时却墨守成规，缺乏创新和突破。这样的现象值得父母警觉和重视，不要再让孩子被动地接受学习，若他们的思想僵化，就毫无创造力可言了。因此，父母应该鼓励孩子的创造性，教会孩子打破常规，突破创新，孩子的智慧火花一旦闪现，父母就要加以保护。

爷爷很喜欢养花，偶尔他还会给我家捎带几盆好看的花，放在阳台上，并嘱咐家里的孩子按时给花儿浇水。几盆花儿在孩子的精心照顾下长得枝繁叶茂，春天还开出了漂亮的花朵。有一天，孩子突发奇想地剪下了几枝月季花和太阳花，悄悄地把它们埋到了泥土中，还煞有介事地为它们浇水。过了几天，孩子看到月季花都枯萎了，而太阳花却开花了，还从泥土中冒出了几个新芽。

孩子很纳闷，因为两种花都是按照同样的方法种的，却是不同的结果。他带着自己的疑问去找爸爸，爸爸一听孩子把花剪掉了，有些生气地说："你怎么能这样做呢？花儿那么美，你为什么把它们剪掉呢……"孩子呆立在那里，他在想还要不要把自己的新奇想法告诉爸爸。

孩子的大脑通常是灵活的，对外界新鲜事物往往怀有浓厚的兴趣，有时候，他们会以好奇的心态向父母提问，而这些问题正是孩子了解这个世界、培养创新能力的重要途径，父母千万不要对孩子的问题置之不理，或者是随便应付一下孩子，否则会让孩子失去热情，其创新能力也会随之消失。

另外，创新并不像我们想象得那么神奇，也没有我们想象得那么困难。我们日常生活中的点点滴滴也能体现出创新，创新就在我们身边。

小贴士

1. 保护孩子的好奇心

在面对生活中的种种现象，孩子往往会提出各种各样的问题，甚至有些听起来十分荒谬，其实，这是孩子的好奇心使然，父母要保护孩子的好奇心，鼓励孩子多质疑多提问。当孩子不断地问"为什么"时，父母不要马上把答案告诉他，而应留给孩子一定的思考时间，让孩子说出自己的想法，激发孩子的探索精神，从而培养孩子的创新意识。

2. 激发孩子创新意识

有父母问孩子，雪融化了变成了什么？孩子眨着灵动的大眼睛回答，变成了春天。这个孩子的回答可谓充满了智慧，虽然，这是不符合常规的，但他的回答是具有创新意识的。有时候，父母对于孩子的答案，不能以自己的思维方式或唯一的标准答案捆住孩子，要鼓励孩子打破常规思维定式的羁绊，在判断孩子答案的时候，要把是否具备创新意识放在第一位。只有这样不断地激励孩子的创新意识，才会让孩子的头脑中闪现出创造的火花。

3. 在日常生活中培养孩子的创新思维

创新思维的特点是灵活、变通，日常生活中，父母需要有意识地培养孩子的创新意识。父母可以和孩子一起做家务，对一些简单的事情，可以问孩子"是否还有更好的方法"，鼓励孩子异想天开，培养孩子勇于探索敢于创造的创新精神。当孩子在做一件简单的事情时，父母可以鼓励孩子多想几种方法，举一反三，然后找出最简单的方法，这样可以培养孩子思维的变通性和灵活性。

即便是在和孩子玩游戏的时候，父母也可以有意识地锻炼孩子的创新能力，让孩子敢于打破常规思维，进行一些创造性的活动。比如，父母与孩子一起玩折纸船游戏，提醒孩子"怎么样让纸船在水里行得更远并且不会沉下去"，然后引导孩子思考变换纸船的折叠方法思考、更换纸张等多种问题，慢慢探索出具有可行性的方法。时间长了，孩子就会自觉地问"怎么去做会更好"，发现问题，解决问题，如此就会逐渐多了一些创新精神。

其实，培养孩子的创新思维并不困难，在日常生活中就可以进行。比如，一种游戏，孩子想出了一种新的玩法；一道数学题，孩子想出了新的解题方法；面对新现象提出的创新问题等，这些都是孩子打破常规的创新行为。培养孩子创新意识的方法是多样化的，关键是要父母扮演好领航者，鼓励孩子坚持到底。

让孩子在激励中发展自己

孩子有着强烈的好胜心，总想做出一些不平凡的事情，但是因为自己能力有限，往往事与愿违。有的孩子会因为自己的一时失利而对自己失望。作为孩子的第一任老师，父母要对孩子及时鼓励，不要因为孩子一时失败就对孩子严厉斥责。要让孩子树立信心，勇于尝试新事物。对于孩子的进步，要及时鼓励，用欣赏的口气，恰到好处地多鼓励孩子，使他拥有强烈的自信心。

拥有自信心的孩子，才会坚定地去做完自己要做的事情。父母要走进孩子的心灵，发现孩子身上的优点，让孩子在不断成长中走向成功。父母对于性格内向、沉默寡言的孩子，要给予温暖，培养他的自尊心、自信心，挖掘其存在的潜力，适时地给予孩子有益的帮助和指导，让孩子收获希望。对于思想活跃、多才多艺的孩子，要多加赞赏，恰到好处地鼓励孩子，以使孩子取得更大的进步。

用欣赏的口气和孩子说话，对孩子多点鼓励，多点赞赏，父母就会对孩子起到很好的促进作用，使孩子明白自己的优点和缺点，知道自己如何去做才能成为好孩子。得到欣赏的孩子，心里是喜悦的，是充满自信的，能够独立行事。无论去做什么事情，他都会感觉到父母对自己的重视、对自己的期望。若父母懂得赞美孩子，那么孩子也会很快得到人们的认可；而一味对孩子嫌恶、说话句句打击、轻视的父母，对孩子只能造成不良的影响后果。如果父母看不到孩子身上的闪光点，不懂得赞美孩子，孩子就会对未来失望，这样，孩子的心里就会蒙上阴影。特别是对于犯错的孩子，如果父母严厉指责，孩子就不会有改正的动力。因此，为了完善孩子的人格，为了孩子的健康成长，父母要用欣赏的口气，恰到好处地鼓励孩子。

小佳喜欢唱歌，他优美的歌声常常能得到老师的称赞和同学们的羡慕。在学校组织的音乐竞赛中，他从众多的参赛学生中脱颖而出，成为学校的小歌星。妈妈李萍看到了小佳的长处，及时对他进行鼓励，妈妈的夸奖增强了小佳的自信心。

李萍为了培养小佳的兴趣，给小佳聘请了专门的音乐老师，在学习唱歌的同时，小佳也学到了很多乐理知识，学会了唱歌的技巧和多种唱法，并能够自己娴熟地弹唱，形成了自己独特的演唱风格。小佳的进步让李萍看到了希望，在李萍的鼓励下，小佳踊跃报名参加市里的正规比赛，在遴选出的小童星名单中，他赫然在列。

拥有了荣誉的小佳再接再厉，举办了自己的专场音乐演唱会，赢得了音乐爱好者和有关专家的好评。看到小佳的进步，李萍感到由衷的高兴。取得成功的小佳谦虚有礼，戒骄戒躁，不仅在音乐方面发挥了才能，也养成了良好的性情，受到了家长和老师的喜爱。

用欣赏的口气，恰到好处地多鼓励孩子，孩子受到赞赏，受到重视，就会积极上进。如果父母和孩子说话措辞严厉，让孩子听了不知所措，孩子的上进心就会遭到打击，以致心里蒙上阴影，对自己失去信心。事例中的李萍，在看到孩子小佳有音乐方面的才能之后，就对他进行了及时的鼓励，言语中流露出欣赏，让小佳充满信心地走向一次又一次成功。

小贴士

为人父母者，要看到孩子身上的闪光点，和孩子说话时要用欣赏的口气，恰到好处地鼓励孩子，如此，孩子才会对未来、对自己充满信心，即使遇到困难，也能够独立解决。因此，父母在教养孩子时，不要言语激烈，句句批评，要着眼于孩子身上的优点，用欣赏的口气赞美孩子、鼓励孩子，这样孩子才能接连取得成功。得到欣赏、受到赞美的孩子，无论做什么事事情，都会变得勇敢自信。因此，父母要用浓浓的亲情去关怀孩子、爱护孩子、欣赏孩子、鼓励孩子，让孩子激励中发展自己、完善自己。

父母经常犯的错误是好高骛远，一方面认为自己的孩子是最好的；另一方面又因为孩子达不到自己设定的标准而感到失望，他们总希望孩子表现优秀，有最好的前途，所以比较难以容忍孩子在某些方面——尤其是学习上不及同龄的人，认为这是孩子的失败。父母经常犯的错误，就是拿优秀的孩子与自己的孩子比较：大家都一起学习，别人能学好，为什么你学不好？那肯定是孩子不肯用功。实际上，面对那些学习基础比较薄弱的孩子，横向比较这种错误做法正是父母需要避免的，因为这样的错误对孩子自信心的打击最大，而对于提高孩子的成绩是毫无作用的。

　　毫无疑问，做父母的，没有谁不爱自己的孩子，常常拿别人家的孩子与自己的孩子相比，也是出于好心，希望孩子能以他人为榜样，学习别人的优点，为父母争气。不过，父母有时候就是好心做坏事，真的爱孩子，就不要拿自己的孩子与别人的孩子作比较。拿自己的孩子与别人的孩子相比，希望自己的孩子能像大人物小时候那样聪明，用心是很好的，不过往往会因为对孩子有太高的要求而达不到教育的效果，甚至会引起反作用。

　　父母常常拿自己的孩子与别人作比较，对孩子造成的影响是很严重的，那些常被父母拿去作比较的孩子，通常会有一些负面情绪，诸如不开心、没有安全感、愤怒和嫉妒等。那些被父母作比较的孩子觉得自己得不到父母的关注，因为父母似乎喜欢别的孩子多一些，因此孩子会做出一些吸引父母的行为，不过这些行为通常都是父母不喜欢见到的，这就是一种恶性循环。

第04章　善于发现孩子的闪光点，做聪明的父母

> 世界上每个孩子都有自己的长处，孩子可能在某些方面不如别人，但在另一方面会强过别人，这就是孩子的闪光点。父母在生活中要善于去发掘孩子身上的每一个闪光点，因为，对孩子而言，缺少的往往不是成功，而是发现。

那个"孩子王"，其实有领导才能

生活中，有许多孩子是"孩子王"，他们常常纠集一群孩子在小区里活动，偶尔还会收到左邻右舍的投诉。面对这样的孩子，一些父母感到很担忧：孩子不仅自己调皮，还带着小伙伴一起调皮，这还得了！其实，那个看起来调皮的"孩子王"，往往具有领导才能。

孩子的领导才能是各种能力的综合，在他发挥领导才能的过程中，其综合分析、创造、决策、随机应变、协调、语言表达等能力都得到了相应的锻炼。当然，孩子身上所体现的出来的领导才能并不同于成人群体中的领导才能。在孩子身上，并没有体现出过多的功利心，而是更多的自信和成就感。一个孩子如果具备了一定的领导能力，那么他在交往、应变、语言表达能力等方面都会远远超过同龄的孩子，这样在他身边的孩子就会对其产生一种亲切感、信赖感和佩服感。

小坤从小就是一个"孩子王"，他好像天生就对领导他人特别着迷，而且

永远精力充沛。在与身边的孩子相处时，小坤的支配欲就开始蠢蠢欲动，恨不得把周围的小朋友都收在自己的麾下，他总是指挥他们："小胖，这次捉迷藏你负责来抓我们，不要偷看啊""花花，你把我们的衣服拿着，别丢地上了，弄脏了""妈妈，快帮我把牙膏挤好"……而且，在与小伙伴相处时，他好像不会考虑其他小朋友的感受。所以，经常有其他小朋友向小坤妈妈告状："阿姨，小坤欺负我，呜呜……"每每到这时候，妈妈就特别无奈，这该怎么办呢？

小坤是典型的领袖型孩子，这一类孩子总以为自己是蜘蛛侠，是拯救全人类的勇士。这种性格的孩子领导欲特别强，在他们看来，只要自己掌控整个局面，就能获得安全感和成就感。平时生活中，他们总是精力充沛，而且难以向他人屈服，在他们看来，向其他孩子低头，那就是损耗自己的威风，是放弃自己的尊严或其他宝贵的东西。当然，这会导致他们严重地自我膨胀，有时难免会伤害到其他孩子。

领导才能对孩子未来发展有极大的帮助，一个习惯于做"孩子王"的孩子，他能在未来的人生中扮演独当一面的角色，甚至带领着自己的团队勇往直前，因为他很早就接触了领导才能的方方面面。另外，这一才能对孩子当下的表现也有很大的帮助，那些具有领导才能的孩子往往担任班级领导者，如班长、中队长之类的职务。而且，他们在课余活动中表现出来的领导才能，比智力或学习成绩更能准确地预示他们将来的成就。

假如孩子具备领袖型性格，或者其领袖型的气质已崭露头角，那父母则应该予以正确的引导。若孩子没有这样的性格特征，那父母也可以通过有效的办法培养其领导才能。

小贴士

1. 肯定孩子的决策能力和创新能力

父母常常把孩子看作没有想法的附属品，其实，孩子也能够感受到"自我"和"自我存在"，他们也经常为"什么都得听父母的"而烦恼。在这样一种有着强烈自我意识的心态下，孩子渴望独立行动并开始了决策。所以，随着孩子年龄的增长，父母要摒弃事事包办的习惯，尊重孩子在兴趣选择、价值判断等各方面的权利，给予孩子最大的信任，指导并帮助孩子独立自主地发展。

创新能力是一个领导者不可缺乏的素质，其实，创新能力隐藏在每一个孩子的身上，即便是年龄很小的孩子，他也有一定的创造力。这时候，父母应以奖赏的方式呵护孩子的好奇心，激发他内心的探索欲望，这样有助于培养孩子的创造性思维能力，也可以不断地增强孩子的自信心。

2. 肯定孩子的沟通能力

领导者总是吩咐别人来做事，这就需要领导者具有比常人更优秀的沟通能力。领导者要能够理解别人，与人沟通，协调同伴之间的矛盾和冲突，解决发生在内部的分歧，让大家都朝着一个方向努力，这样，领导者才能赢得别人的尊敬。所以，在日常生活中，父母需要培养孩子的沟通能力，在家庭活动中，锻炼孩子小主人的意识，让孩子懂得理解别人、团结别人，培养与别人沟通的能力。

3. 肯定孩子的责任意识

领导者是要有一定的责任意识的，他要对自己的团队的成功与失败所负责。对于孩子来说，他的责任意识就表现在他对自己、对他人以及日常生活中各种事情的态度上。所以，为了培养孩子的责任意识，父母应要求孩子自己的事情自己做，还需要让孩子懂得对自己的言行负责，如当他要去做一件事情的时候，就必须认真完成，这就是一种负责任的行为。

4. 肯定孩子的自信心

多数父母习惯挑孩子的毛病，这其实是孩子丧失自信的一个重要原因。孩子缺乏了自信，因而总不敢单独去完成一些任务。所以，当父母吩咐孩子去完成一件事情的时候，要学会鼓励孩子："我知道你一定能做得到的。"

如果孩子取得了成功，父母要给予夸奖："你果然做到了，真了不起。"孩子听到了这样的话，自信心就会大增。孩子对自己的能力充满了自信，他就能够独立思考、独立行动，尤其是当孩子参与同龄孩子的活动时，他就会敢于参加，而且有一种必须成功的劲头。孩子有了一定的自信心，他就会有自信去领导自己的团队。

孩子异想天开，其实是想象力丰富

19世纪，荷兰著名化学家范特霍夫曾就"想象"这种才能对许多科学家作了调查研究，发现他们中间最杰出的人都具有高度的想象力。而对于孩子来说，想象力的培养以及创造力的开发，是孩子成长过程中不可缺少的一个步骤，也是父母不容忽视的家庭教育。想象是科学发现和创造的萌芽，也是孩子走上成才之路的开始。正在成长中的孩子们，喜欢思考，有着强烈的求知欲，他们对于新鲜特别的东西总是有浓厚的兴趣，这时候，父母需要有意识地培养孩子的想象力，点燃他们心中想象的火炬，让孩子们展开想象的翅膀，在未来的成长天地中自由翱翔。

在乐乐小时候，妈妈已经讲过《灰姑娘》的童话故事了，可是，因为乐乐太喜欢这个童话故事了，这会儿，他又把那本书翻了出来，自己一个人看了起来。妈妈看着乐乐在看书，忍不住也凑了上去，两人拿着书看了起来。"最后王子和灰姑娘幸福地生活在一起"，乐乐大声念出了最后的结局，妈妈突然想到了问题："乐乐，这个故事看了好几遍了，妈妈问你几个问题啊？""问吧，妈妈，我一定能回答上来。"乐乐信心满满地拍着自己的胸脯。妈妈发问了："如果在午夜12点，灰姑娘没有及时跳上南瓜马车，会有什么情况发生呢？"乐乐有些语塞："这……这……"妈妈看见孩子吞吞吐吐，感到孩子确实缺乏想象力。

伟大的科学家爱因斯坦曾说过："想象力比知识更重要，因为知识是有限的，而想象力概括着世界上的一切，推动着进步，并且是知识进化的源泉。"有的父母在给孩子讲完故事后向孩子提问，实际上这就是有意识地锻炼孩子的想象力，让孩子展开想象的翅膀。想象是智慧的翅膀，是创造的灵光，因而，想象力在孩子的智力活动中占据着极其重要的位置。

小贴士

1. 鼓励孩子多问问题

孩子总是睁着好奇的眼睛，带着求知的欲望，仔细观察着周围的一切事物，他们会不知疲倦地向父母问一些稀奇古怪的问题。其实，在这个年龄阶段的孩子，总是喜欢刨根问底，他们所问的内容比较广泛，有时候甚至让父母哑口无言。有的父母被孩子问得很烦，就没好气地说"就你事儿多，哪来这么多为什么！""小孩子懂什么"，这样一来，孩子的创造力、想象力就在无形中被父母扼杀了。

在这时候，父母要认真面对孩子提出的问题，进行积极引导，即便是太荒谬的问题，父母也要正确引导，让孩子明白到底是怎么样的。孩子们有时候会提出很古怪的问题，对此，父母不要加以责备，而是需要明白这是来源于孩子丰富的想象力。面对一些新鲜事物，父母应该鼓励孩子多提问，让孩子展开想象的翅膀，让孩子争当"小问号"。

2. 鼓励孩子"异想天开"

我们常说的"异想天开"就是一种想象力，在孩子的心灵里，总是能映现出一个五彩斑斓的世界。当孩子听着童话故事时，会展开一系列的想象，甚至会说出一些不着边际的话，这时候，父母不要斥责孩子"胡思乱想""胡编乱造""编瞎话"，而是应该保护这种想象方式。适当的时候，父母应该鼓励孩子异想天开，为他们营造想象的氛围，诱发他们的想象力。比如，父母在给孩子讲述了故事之后，要求孩子自己编故事，让孩子大胆地想象，异想天开，编一段，或者续编故事的结尾，这样既训练了孩子的语言表达能力，又激发了孩子的想象力。

作为父母，我们应耐心认真地对待孩子们的异想天开，如有的孩子会说：将来我想发明一种食物，吃一点可以一年不用吃饭。对此，父母也不要大惊小怪，要让孩子觉得这样的想法是很棒的，让他们享受想象带来的乐趣。

3. 鼓励孩子多多尝试

如果孩子整天坐在家里，想象力再丰富的孩子也会有思维的限制，这时候父母要帮助孩子开阔想象的思路。父母可以带着孩子们走进社会、走进大自然，拓展孩子们的视野，开阔他们想象的思路。五彩斑斓的世界及千奇百怪的大自然都有利于丰富孩子们的思维，激发开阔孩子们的想象力。孩子们的知识面越广，他们的想象力就越丰富。

4. 鼓励孩子实现梦想

美国的莱特兄弟，小时候就是富有想象力的孩子。一次，兄弟俩在树下玩耍时，抬头看见天上的一轮明月挂在树梢上，于是两人迅速爬上树去摘，却让树枝把衣服钩破了。他们的父亲见此情况，不但没批评他们，反而耐心诱导他们，最后兄弟俩发明了世界上第一架飞机。所以，孩子们的想象并不是不切实际的想象，合理的想象本身就包含着实现的可能性。父母需要帮助孩子提高想象的可能性，只要不是太过离奇的想象，父母便可以加以诱导，让孩子把想象变成现实。

孩子喜欢乱画，其实是进入了学习敏感期

孩子到了某个阶段，就很喜欢乱画乱涂，家里的床、墙壁，只要孩子够得到的地方都被涂鸦过。这时父母总会说，"你到底在画什么，根本看不懂""乖乖，不要在墙上乱涂乱画""孩子，这个小草应该是这样画，来妈妈教你"，等等。事实上，孩子在这一阶段喜欢乱涂乱画是有原因的，父母应该认真对待这一现象。

孩子喜欢乱涂乱画是身心发展的一种外在表现，通常这一阶段的孩子处于涂鸦期至象征期的过渡阶段，是孩子绘画的最初级阶段。对孩子来说，乱涂乱画只是一种行动，或是一种游戏，他们在这个过程中注重的不是涂画的结果，而是涂画的过程，从而获得心理上的满足和快乐。

当然，对于某些孩子而言，乱涂乱画是绘画兴趣的萌芽。有的孩子乱涂乱画，是因为爱上了画画，而且对绘画活动产生了浓厚的兴趣和爱好。孩子一旦有了兴趣和爱好，就有了想表现的欲望，他会想办法去满足这个愿望，于是就只有乱涂乱画。如果孩子产生了绘画的兴趣，而父母没有及时配备绘画的工具，孩子就会在他们认为可以绘画的地方来满足自己绘画的欲望。

李妈妈说，家里的墙壁就是孩子的画板，以前总试图去制止孩子画画，不过孩子爸爸会阻止，说别影响孩子创作。墙壁可以重新刷过，但是孩子的灵感被抹杀掉就没有了，李妈妈想了想觉得这话有道理，所以现在家里好多家具上都有孩子的涂鸦作品。

6岁的童童喜欢乱涂乱画，家里的床头、墙壁以及门窗，只要他能够得到的地方都被他用彩色笔画过，章妈妈看孩子这么喜欢画画，就给童童报了一个绘画班。结果童童第一天上课，老师就告诉章妈妈："孩子一直不专心画画，他自己不画画就算了，还影响其他小朋友。"章妈妈感到纳闷，难道孩子不喜

欢画画吗？但当童童回到家之后，又开始在墙壁上、柜子上画画。

许多父母会产生像章妈妈一样的烦恼，孩子明明喜欢乱涂乱画，而真正送他去上绘画班时，孩子却没有表现出太大的兴趣。也有父母像李妈妈一样，任由孩子发挥灵感，宽容对待孩子乱涂乱画的现象。

乱涂乱画是孩子成长过程中必然经历的过程，孩子乱涂乱画并不是真的在绘画。许多父母看到孩子拿笔乱涂乱画时，就会想：是不是该让孩子学画画了？这一阶段是孩子的涂鸦敏感期，孩子们之所以喜欢乱涂乱画，是随着自己的感知与动作有了一定的发展与协调之后，对身边环境作出的新探索，是一种新的动作练习。

乱涂乱画是孩子的一种沟通手段，孩子最初的涂鸦都是无意识的，没有绘画构思和目的。不过，随着年龄的增长，孩子会逐步调整自己手部的控制力，从而利用乱涂乱画进行自我创作和情绪表达。并非所有的孩子都可以很好地表达真实的内心，乱涂乱画是孩子们的第二语言，可以帮助孩子表达自我，与他人交流。

小贴士

1. 认真对待孩子的乱涂乱画

父母要耐心地去看孩子的乱涂乱画，不论是孩子一时兴起随便涂画，还是精心绘画，父母都要认真对待，努力站在孩子的角度去看他到底想表达什么。那些看起来稚嫩的作品，有可能是孩子一时的想象，可能是孩子当下的心情，可能是孩子未来的目标，也可能孩子自己都没意识到在画什么。不过父母若能够认真欣赏，那就是对孩子莫大的肯定与关注，会给予孩子精神上很大的支持。

2. 鼓励孩子

看到孩子乱涂乱画，父母需要及时给予孩子积极的肯定。不论孩子画得像不像，父母都不应该说"你这画的什么呀，乱七八糟"，否则会打击孩子的自信心；而是应该不吝啬自己的赞美之词，赞扬一下孩子，"你画得真棒，你说画的是什么？小草，哦，看起来真像，你告诉妈妈，你是怎么画出来的，教一教妈妈。"孩子获得赞赏之后，内心会得到由衷的满足，或许以后在这方面有特别的表现。

3. 与孩子一起涂画

父母应该参与到孩子的涂画活动中，千万不能小看孩子的乱涂乱画，那些其实很有童趣。父母应该抽出一些时间，与孩子一起涂画，这样可以促进亲子关系，又可以适当引导孩子的想象力，如太阳用什么颜色，画什么，如何布局等，可以与孩子合作完成绘画作品。当然，在这个过程中，需要以孩子为主，父母只需要参与就行，不能强制性要求孩子一定要画什么。

4. 给予孩子回应

有时候，孩子的涂画里，可能隐藏了孩子某些真实的情绪表达。父母在观察孩子的绘画作品之后，应感受到孩子细腻的心思，然后给予一定的回应，如"原来宝贝眼中的天空是如此绚丽多彩啊，小草还知道疼痛呢，嗯，真不错"。只要父母给予孩子良好的回应，他在未来感知世界时便会收获更多。

孩子喜欢搞破坏，其实是在探索世界

当孩子开始和外界接触时，对于自己遇到的任何事物，他都会用手摸一摸、尝一尝、闻一闻，偶尔也会把东西摔坏，来看看它的内部构造。假如孩子正处于这样一个阶段，那父母可以把家里贵重的东西藏好，给孩子一些安全的家用物品，或是买些耐摔的玩具。这时父母可以慢慢引导孩子，告诉他什么东西可以碰、什么东西不可以碰。

实际上，对于喜欢搞破坏的孩子而言，他们的心理是复杂的，父母需要耐心、用心地去发现，而不能一棍子打死，不能轻易地以打骂来应对孩子的破坏。

有的孩子会以摔东西来表示"我生气了"，他们在发脾气时希望得到关爱，因为他们需要确认"我还是爸爸妈妈的宝贝"。孩子对现实中的事情都有自己的底线，若是让他承受过多的拒绝，对他而言是极其困难的。于是，发脾气摔东西成为他们表达失望的方式，在这样的情况下，父母需要保持冷静。

而有的孩子摔了东西，不过是好心办坏了事。孩子的出发点是好的，不过由于经验不足或能力有限，结果事与愿违。有的孩子见金鱼缸结了薄冰，怕金鱼冻死，就把金鱼捞起来包在手帕里，结果金鱼反而死了。若是这样的情况，父母要肯定孩子的想法是好的，接着告诉孩子失败的原因，告诉他，自己不懂的事情先要请教父母，自己力不能及的长大了再去做。

小贴士

1. 保持宽容心态

父母首先应对孩子有宽容的心态，因为破坏的过程就是孩子学习的过程。不要严厉批评孩子，也千万不要说"不许再把玩具拆了，不然明天不给你买新玩具了"等这样警告和威胁的话，有时候父母的批评和威胁很可能会扼杀孩子可贵的探索精神。

2. 参与到"破坏"活动中来

父母应尽量地鼓励且参与到孩子"破坏"的过程中，这是一个手、眼都在活动的过程，可以促进他们思维的发展。鼓励孩子适当地进行"破坏"，就是鼓励孩子的创造力，以及对更多事物的探索兴趣。当父母看到孩子把玩具拆了，应蹲下来参与到孩子的活动中，"这里面是什么呢？怎么会动呢？"这样引导、帮助孩子一起寻找结果，然后再跟孩子一起把拆开的玩具恢复原样。

3. 引导孩子思考

在日常生活中，父母要多提一些问题让孩子去猜、去想，如闹钟为什么会响呢？为什么会嘀嘀嗒嗒的呢？假如把闹钟的针取掉了，那它还会走吗？还会响吗？父母需要做的就是问题提出后，主动带领孩子从"破坏"中寻找答案。

4. 让孩子当修理工

假如孩子好奇地想知道各种现象背后的原因，如总想搞清楚不停转动的闹钟里面装了什么，电视里是否真的有个会说话的小孩子，那么当爸爸在修理家中这些东西的时候，不妨让孩子观摩，必要时也可让他参与其中。爸爸可以当着孩子的面拆卸家中废弃的东西，没有危险性的动手部分则让孩子来动手。

5. 让孩子自己收拾残局

假如孩子是无心造成的过失，那父母可以在他力所能及的范围内让他对自己的行为负责。比如，杯子打翻了，就让孩子用抹布去擦干桌子；玻璃瓶打破了，就让他帮忙拿来扫帚和簸箕，不要随意责备孩子，毕竟孩子不是故意的。

6. 多与孩子交流

小孩子通常会有无穷的精力，孩子善于"破坏"的背后很可能隐藏着一颗渴望探索的心。父母应该为孩子提供一个良好的活动空间，尤其是对于那些独生子女，应该让孩子多和邻居的同伴玩耍，休息时多参加集体活动。父母要经常与孩子沟通，了解孩子最近有什么烦恼，或孩子有什么需要。

孩子总"添乱"，其实是在提升动手能力

在日常生活中，孩子看见父母洗衣服，常常会产生一种新奇感，并喜欢模仿父母的行为：如果父母包饺子和面，孩子也会伸手揪一块面团玩；父母在

洗衣服时，孩子也会在旁边玩肥皂泡泡。其实，孩子这样积极模仿就是动手动脑的过程，父母应该正确对待孩子这样的心理需求，千万不要认为这是孩子的"破坏"行为。

有的父母认为孩子还比较小，不适合干家务活，或者认为孩子笨手笨脚，因此不想让孩子添乱。若孩子不顾父母的反对偷偷跟着学，还会惹来父母的训斥，其实，父母这样的做法会大大地挫伤孩子自主学习和动手的积极性。相反，父母应该有意识地培养孩子这样动手动脑的能力，让孩子全方面地发展。

心理学家认为，人的一举一动都受大脑的支配，而人又通过各种实践活动，使相应的脑细胞得到锻炼，促使人聪明才智的发展。教育家陶行知先生也说："人有两个宝，双手和大脑。"由此可见，动手和动脑是互相促进的——在动手中激发大脑积极思考，在思考中也会不由自主地动手。如果孩子的思维逻辑比较好，孩子的双手就会很灵巧，孩子的感知、记忆、思维也会具有明显的具体形象性的特征，他们通过自身积极、主动的探索和直接动手操作，不断扩大自己的知识和经验，不断地提高自己的认知能力。

苏联教育家霍姆林斯基说："儿童的智慧在他们的手指上。"事实证明，手脑并用的训练就是发展思维的良好方法，动手是可以促进孩子智力发展的实践活动。那些喜欢动手的孩子，他们表现得更加聪慧。

小贴士

1. 培养孩子动手动脑的能力

父母从小就要培养孩子动手动脑的能力，让孩子在家干一些洗碗、拖地这样简单的家务活。在这一过程中，父母要及时地表扬、鼓励孩子，当孩子遇到困难时，父母要给予引导和帮助，告诉孩子解决困难的技巧和方法，培养孩子动手动脑的能力。

在日常生活中，不论孩子碰到了什么问题，父母都不要全权包办代替，而应教导孩子学会自己动脑筋，自己动手解决问题。有的孩子总是无限制地要求购买玩具，但他并没有考虑到父母的购买能力，这时候父母可以引导孩子自制玩具，一起动手把破坏的玩具拼起来，或者另外制作一些玩具，以此让孩子学会动脑设计，学会动手制作，继而开发孩子的智力。

2. 引导孩子做手工

孩子还小的时候，父母可以引导孩子做简单的手工，如折纸，拿剪刀。随着年龄大了，孩子就可以利用剪刀和纸剪出复杂美丽的图案了。现在越来越流行"DIY"，父母也可以引导孩子把那些旧衣服当作材料，自己设计，自己DIY，培养动手动脑的能力。

3. 在游戏中培养孩子的动手能力

现在有许多益智类游戏都需要孩子既动手也要动手，聪明的父母可以顺应孩子喜欢动手的习惯。比如，买来蜡笔教他学画画，找一些闲置的小瓶、小盒让他配盖，为他购买一些积木和自制拼图、橡皮泥、七巧板等玩具，使他动手又动脑。这样，孩子在动手的同时还学会了技巧、培养了专心去解决问题的能力。

孩子"问题"多，其实是在思考

有的孩子喜欢思考，总喜欢向老师提各种问题；有的孩子心里即便知道老师说错了，也不会与老师说什么，更不会向老师提出来。前者是思考型孩子，后者是情感型孩子。思考型孩子崇尚逻辑、公平和公正，喜欢客观地分析问题，自然地发现缺点，有吹毛求疵的倾向，有时甚至被看作无情、麻木、漠不关心，他们认为只有合乎逻辑的事情才是正确的。不同倾向的孩子体现的行为方式大不一样，思考型的孩子习惯按照原则办事，同时，在语言表达上，思考型孩子常常会说"为什么这样做""为什么让我做"，语言是带有挑衅意味的。所以他们的提问看起来像是在找碴儿，不过，喜欢思考是他们的天生优势，父母需要做的就是去观察和发现孩子的优势，不断地强化运用孩子的优势，适时地改善孩子的弱势，而不是批评、指责，更不能去打压孩子的天性。

心理学家认为，3~6岁的孩子已经拥有了一定的生活常识与知识经验，他们不再单纯地依赖于成人的思考，而是表现出自主思维的意愿，他们常常会说："让我自己想想看。"同时，他们喜欢分享自己思维的成果，希望获得别人的认可，从而体验成功的喜悦。思考是孩子认识世界的根本途径之一，父母在平时生活中要注意培养孩子善于发现问题的能力，鼓励孩子提出问题，对那些不喜欢提问的孩子，应注意丰富他们的知识，引导他们观察事物，还可以提出一些问题去问他们，启发他们去思考。

对稍微大一些的孩子，父母应引导他们对自己看到、听到、感受到的事物进行分析、比较，找出事物的异同，并按照一些共同的本质，去进行初步的概括、分类。比如，在一些实物中，找出哪些东西是玩具、哪些东西是家具、哪些东西是用具等。

小贴士

1. 培养孩子对于思考的兴趣

兴趣是最好的老师，假如孩子对某件事情有着浓厚的兴趣，就会集中思想和注意力，他们会想法设法克服种种困难来达到自己的目的。即便孩子喜欢思考，若父母不加以引导，孩子有一天也会对思考失去兴趣。父母是孩子的启蒙老师，对孩子的影响是比较大的。所以，父母要以自己的情绪和行为去感染和影响孩子，用自己对周围事物的态度和情趣去影响孩子，同时，父母应经常给孩子提一些问题，以激发孩子求知的欲望，引导孩子积极思考，解决问题。

2. 循序渐进

假如孩子不喜欢思考，那父母对这样的孩子不可提出太高的要求，而应按照自己孩子的实际，从最直接、最容易思考的问题入手，如让孩子比较两个东西的异同，然后慢慢增加难度，让孩子通过自己的思考解决问题。

3. 引导孩子在生活中积极思考

对于3~6岁的孩子来说，抽象的理论不容易理解。所以，对这样的孩子，父母仅仅是说教是不行的，父母要创造思考的环境，开展一些健康、有益的活动，在活动中启发孩子积极思考，如搞一些家庭数学游戏、家庭猜谜活动、家庭智力游戏等，将数学、智力题融入游戏之中。

4. 让孩子享受成功的喜悦

即使孩子只取得微小的进步，父母也不要忽略，需要及时地给予肯定，热情地鼓励。父母在平时生活中需要有意识地创设有利于孩子思考的环境，让家里充满求知的气氛，通过积极的亲子互动，自然而然地促进孩子喜欢思考，养成喜欢思考的好习惯。

5. 保留思维空白

父母要解放孩子的头脑，让他们自己思考，恰当地保留思维空白。只要是孩子能够自己思考的，父母就要做到"欲言又止"，讲究"空白"艺术，以达到"此时无声胜有声"的效果。让孩子自主思索，可以令其对知识理解得更深更透，培养孩子良好的思维品质。

6. 以丰富的感性经验和情感体验作铺垫

父母要以孩子丰富的感性经验和情感体验作铺垫，激活他们的思维。孩子的具体形象思维占据优势，头脑中有了丰富的鲜活表象，他们就可以进行知识的迁移，运用已有的知识进行积极有效的思考。

7. 鼓励孩子大胆提问

孩子所处的周围世界，存在着许许多多他们难以理解的事物，诸如"太阳为什么照常升起""人为什么要吃饭"等，也许，他所思索的许多问题都只停留在表面，甚至有些问题是相当幼稚的，但是，父母千万不要让孩子认为这些问题是"没有必要提问的"，甚至惧怕这样的问题会受到父母或老师们的嘲笑，而应鼓励孩子保持提问的热情，让他们只要有了问题就大胆提出来。

8. 让孩子有怀疑的精神

也许，老师或父母会告诉孩子"这就是真理""这是唯一正确的标准答案"，然而，无论是面对任何真理，还是所谓的正确答案，都应鼓励孩子保持一种怀疑的精神，正如李四光所说"不怀疑不见真理"，只有经得起检验的理论才是真理，而怀疑不过是检验中的一个步骤而已。有疑问就要提出问题，尤其是提出一些自己尝试解决而不能解决的问题，更能真正培养孩子科学的态度和探索的精神。

9. 让孩子有探索的精神

并不是每一次提问都能够直接获得答案，通常情况下，老师或者父母会引导孩子展开思考，独立去解决这些问题。因此，在孩子提问的同时，我们还应鼓励孩子探索，朝着问题的方向，不断地拓展思维，尽可能以他的实践能力来证明自己的观点或者解决那些难以理解的问题。

第05章　正确表扬孩子，别总说"你真棒"

> 父母承担着帮助孩子建立良好自我认知的重大责任，而表扬是让孩子产生良好自我认知的最好方式。在生活中，当孩子表现的好时，父母就要适时表扬，使孩子的行为固定下来，这样便于孩子未来再接再厉。

不滥用奖励，避免"德西效应"

精神病学临床教授、医学博士——大卫·G.法斯勒这样区分"奖励"和"贿赂"：为鼓励孩子采取正确行为通常不需要很大的物质奖项。如果为了让孩子做事，父母不得不承诺孩子非常豪华的奖品，那么这可能就意味着父母和孩子之间存在着权利之争——父母试图通过"贿赂"孩子来逼迫他们做一些他们不喜欢做的事。

当孩子尚没有形成自发内在的学习动机时，父母从外界给予激励刺激，以推动孩子的学习活动，这种奖励是必要和有效的。但是，如果学习活动本身已经使孩子感到很有兴趣，此时再给孩子奖励，不仅显得多此一举，还有可能适得其反。一味奖励会使孩子把奖励看成学习的目的，导致学习目标转移，只专注于当前的名次和奖赏物。所以，作为父母，我们要特别注意正确使用奖励的方法，千万不能滥用奖励，避免"德西效应"。所谓避免"德西效应"，就是应该用适度的奖励巩固个体的内在动机，避免过多的奖励，防止降低个体对事情本来的兴趣，降低其内在动机。

心理学家分析，父母对孩子的贿赂行为，在短时间内可能会起到激发孩子高度积极性的作用，从而收到一些临时的效果。不过这样的贿赂难以长久有效果，从长远来看，反而会麻烦不断。因为这并没有从根本上改变孩子，所以不可能对孩子产生长远的影响。假如孩子常常受到来自父母的贿赂，他们就会越来越依赖贿赂，养成凡事都需要父母贿赂的习惯。

很多孩子一旦知道父母会提供奖励来刺激他们做事，他们就会得寸进尺、变本加厉。一旦父母的奖励不符合孩子的要求，他们就会失去做事的兴趣。假如孩子因为停止做不好的事情而赢得了父母的奖励，那他们也有可能为了得到奖励而继续去做那些不好的事情，以赢得父母的奖励。

小贴士

1. 拒绝小恩小惠

为了鼓励孩子好好学习，许多父母倾向于采用物质奖励的方式，且对这种方式颇有成效，有些父母甚至说"给予孩子一定的物质刺激，远远比说教一百句管用得多"。在孩子年龄尚小的阶段，父母为了让孩子好好学习，给予孩子的多是一些小恩小惠，如买些玩具、小零食，对于那种年龄较大的孩子则给予昂贵的电子产品为诱饵。假如父母真的希望达到激励孩子的目标，请拒绝对孩子给予小恩小惠。

2. 以兴趣为原动力

假如父母让孩子养成为获得奖赏才去努力学习的习惯，孩子就体会不到顺利完成一件事情之后的激动和兴奋，单纯的求知快乐会降低。而对于做任何事情而言，兴趣才是更大更持久的动力，一旦失去了兴趣，人们做事的动机就会大大减弱。

假如这件事本身令孩子感兴趣，父母再给予孩子奖励，有可能会弄巧成拙，不仅不能提高孩子的学习主动性，反而会降低孩子原有的学习热情。比如，孩子自己喜欢画画，他们并不需要父母的表扬和物质奖励，只需要认同就行了。假如孩子画得不错，父母只需要关注一下就可以了。

3. 对孩子进行精神奖励

奖励可分为物质奖励和精神奖励，所以父母对孩子可以进行适当的精神奖励，如来自父母的口头表扬、鼓掌、亲吻、拍拍肩膀、拥抱等。也可以是一些生活奖励，如让孩子与父母一起做游戏，观看自己喜欢的电影，外出去公园、图书馆，或是跟朋友一起逛街。假如实在需要给予孩子物质奖励，那也需要是适当的，如买孩子喜欢的食物，但需要避免给孩子买快餐之类的垃圾食品，还可以为孩子购买时尚的服饰、心仪的玩具、手工制作用品等，不过，这些奖励都应是适当的。

对孩子的表扬应及时且具体

中国文化的含蓄导致了传统教育方式的内敛，在一个传统家庭里，父母很少会通过言行表达对孩子的爱。随着现代社会经济的发展、文化的交融，越来越多的父母意识到孩子是需要表扬的，正确的表扬对孩子来说影响很大。一些父母随意斥责孩子，这会导致孩子性格胆小怯弱，缺乏自信，害怕做错事。长久的吼叫，会让孩子产生对批评的免疫力，让孩子性格变得暴躁，稍微不顺心，就会通过大喊大叫发泄情绪。反之，假如生活中孩子做对事情，父母及时表扬的话，孩子就可以感受到来自父母的温暖和爱，也会变得谦和有礼。

过去的教育中，父母总认为对孩子表扬多了会担心他骄傲，所奉行的教育方式是"黄荆棍下出好人"。其实，父母对孩子进行正确的表扬之后，他们会有正面积极向上的情绪，滋生自豪感，会意识到什么样的言行是对的，而坚持这样做会受到父母的表扬，这就会促使孩子固化好的言行。富于智慧的父母在平时的教育中是不吝啬表扬的，尤其是当孩子做对时，他们会及时表扬，而且他们的表扬往往是具象的。

妈妈受到老师的启示，对孩子总不吝啬赞美之词，她经常会表扬孩子："宝贝真乖，宝贝很棒，太厉害了，真是了不起呢！"不过，总这样表扬导致孩子自信心爆棚，言行也有些霸道。妈妈意识到应该控制好表扬的"度"了，没想到，一不表扬孩子，他又变得缩手缩脚，性格也变得内向。

对此，妈妈向老师请教这是怎么回事。老师解释说："表扬孩子不能忽重忽轻，这样对孩子有打击。其实表扬是值得提倡的，关键在于你表扬孩子的哪点，要具体而言，让孩子知道他哪里做得好，哪里还做得不够。比如，当孩子帮忙整理了房间，你可以说，谢谢你帮我整理房间。"

妈妈点点头，原来是这样啊，表扬需要有针对性，让孩子清楚地知道自己好在哪里。于是，当孩子利用休息时间帮请假的同学温习功课时，妈妈立即就表扬了他："你利用休息的时间帮请假的同学温习功课，这做得很对，你平时那么喜欢玩耍，结果却牺牲自己的午休时间去帮助同学，妈妈真为你的爱心而感到高兴。"孩子笑了："其实，我也想出去玩的，但是想到老师说的同学之间要互相帮助，就愿意帮同学了。"

从这以后，只要孩子做了好事，妈妈就用具体的语言给予赞赏。

肯定孩子好的行为有利于孩子的健康成长，但表扬也是一门艺术，应做到言之有物，这样会让表扬更加有效果。孩子良好的习惯和优异的成绩是由简单的行为积累起来的，为培养孩子良好的行为习惯，提高自信心，父母就应该慷慨地给予表扬，孩子年龄越小越需要表扬，而随着孩子年龄的增长，父母也需要慢慢提高表扬的标准。

1. 肯定孩子的点滴进步

日常生活中，父母要及时注意孩子经过自己努力以后表现出来的点滴进步。不论是大的进步，还是一点点进步，都需要对孩子进行夸奖。父母需要做到及时、适时、适度地给予孩子肯定和赞赏，哪怕是一个简单的微笑，或者只是轻轻抚摸孩子一下，这对孩子来说都是鼓舞。

2. 第一时间表扬孩子

孩子在学校所获得的表扬是少数，毕竟一个班级有很多同学，即便有些孩子有了进步，老师也没有那么多空余的时间来表扬，所以父母要弥补这方面的缺陷，及时对孩子进行表扬。当孩子经过自己的努力最后成功了，父母要第一时间表扬孩子，给予孩子更大的信心。

3. 避免挫伤孩子的积极性

对孩子所获得的成绩，父母要细心观察，及时鼓励，给予充分的肯定，不能无动于衷，不能认为这是应该的，否则会很大程度上挫伤孩子的积极性，时间久了孩子就会失去成就感。

4. 表扬要具体细致

父母的表扬越具体，孩子就越容易明白哪些是好的行为，越容易找到努力的方向。父母不能总说一些泛泛而谈的表扬，如"你很乖""你很棒"等，尽管这可以在短时间提高孩子的自信心，但是孩子并不明白自己到底好在哪里、为什么受到表扬，这很容易让孩子养成骄傲、听不得批评的坏习惯。

遭受挫折的孩子需要鼓励

对于孩子们来说，他们的逆境便是在学习和生活中受挫。许多中国父母为了帮助孩子创造一个良好的学习氛围，不让孩子吃一点苦、受一点委屈，认为孩子的任务就是学习，其他所有事情都由父母包办。父母将孩子在家庭范围内承受挫折磨炼的机会降低到了最低。尽管这样的父母是用心良苦，不过结果往往是相反的。因为父母对孩子过度关心、过度保护、过度限制，让孩子缺少磨炼，最后让其形成一种无主见、缺乏独立意识、依赖父母的心理。这样的孩子一旦遇到了逆境，就会束手无策，心灰意冷，心理承受能力很差。

孩子们的情绪的深刻性和稳定性尽管在发展，不过依然有外露性，比较冲动，容易狂喜和暴怒，也很容易悲伤和恐惧。对孩子来说，情绪来得快，去得也快，顺利时得意忘形，遇到挫折就垂头丧气。因为理智和意志比较薄弱，而欲望又较多，假如家里不能满足其要求，孩子就会产生一些不良的情绪，便会忍不住发脾气。

在中国许多孩子都是独生子女，父母们望子成龙心切，对孩子提出很多不符合孩子身心发展规律的过高期望，频繁的考试、测验、作业等学业竞争，更是增加了孩子们的心理压力，让孩子们不敢面对失败。沉重的学习负担和强大的思想压力，让孩子们精神非常紧张，长时间处于焦虑不安之中。

随着孩子的心理发展和自我意识的增强，他们强烈地渴望了解自己与他人的内心世界，所以产生了相互交换情感体验、倾诉内心秘密的要求，他们希望得到别人的理解、尊重、信任。不过有的孩子因为个人特点造成在人际交往上的障碍，自以为是，不能清楚地了解自己的不足，结果让他们在人群中很不受欢迎，这样的孩子容易感到孤独。

挫折是当人遇到无法克服的困难、不能达到的目的时所产生的情绪状态，人的一生可以说是与挫折相伴的。困难和挫折，对于成长中的孩子而言，是一所最好的大学，而父母给孩子过分的溺爱和保护，让孩子缺少参与、实践的机会，缺乏苦难的磨炼和人生的砥砺，就会让孩子的心理十分脆弱，遇到一点点挫折就灰心丧气、自暴自弃，乃至失去信心。

孩子们在学习与生活中，会经常遇到一些小挫折。比如，在某次测验中，成绩不理想；在某次集体活动中，把表演搞砸了；在体育竞赛中，由于自己失误而拖累班级输掉了整场比赛；等等。诸如这样的小挫折，孩子们几乎每天都会遇到。另外，有的孩子出生在贫困的家庭，不能穿好的、吃好的、玩好的；小时候就失去了妈妈或爸爸；等等，这属于比较大的挫折。无论是小挫折还是大挫折，只要孩子们能够以正确的心态去面对它，就能够战胜它，最后发现它并不是那么可怕。孩子需要通过正确看待挫折来提升自己的逆商，给予自己战争挫折的力量。

1. 换个角度看待挫折

有的孩子在一次考试失败后就一蹶不振，下一次他一样失败；有的孩子面对鲜红的分数，能够勇敢面对，最终获得了成功。当孩子在生活或学习中遇到了挫折时，父母应引导孩子看开点，放眼看去，它不过是我们漫长生命历程中一个微不足道的黑点，没有必要陷入到失败的痛苦中去，而是应该吸取教训，努力向前走，"失败乃成功之母"，让孩子在哪里失败就从哪里爬起来。

2. 增强自信心

如果孩子擅长某一方面，就会在这一领域里有着充分的自信，这可以帮助孩子更好地面对来自其他方面的挫败感。在学习中，引导孩子善于发现自己的优势，最大限度地发挥自己的长处和优势，努力表现自己，体现自身价值。若孩子在自己所擅长的某方面体验到成功，看到了希望，就能帮助他们找回丢失的信心。

3. 帮助调节心态

父母可以让孩子学习一些缓解心理压力的常识与小窍门，这样便于他们在遇到挫折时自我调节。比如，当孩子出现紧张、畏惧的情绪时，提醒他们深呼吸几次，让他们忘记这是在比赛，把比赛当作日常生活中的一项运动，并以放松的心态来迎接挑战等。而且，通过调节心理来合理宣泄心理压力，能有效控制"输不起"心理。

4. 言传不如身教

父母的一举一动孩子都会记住和模仿，假如孩子看到你在艰难时刻的坚强表现，他们也会向你学，用同样的积极方式渡过难关，父母的一举一动对孩子有很大的影响。假如你的孩子总是消极，那你应该适时地审视自己的人生态度，父母对孩子世界观的影响往往是最大的。假如你总是把工作中的负面情绪带回家，而从来不谈工作中愉快的事情，那孩子就会受你的影响，把注意力集中在那些生活中不愉快的事情上。

当然，生活中的不如意对孩子也会造成负面影响，如亲人的离世、父母离婚、贫困或者失去好友都有可能让孩子的人生态度发生改变。在人生的艰难时刻，父母应该给予孩子支持，帮助他们渡过困难时期。

5. 避免指责孩子

假如父母总是指责孩子，那么孩子很可能真的会成为你说的那个样子。假如你总是指责孩子是家里面消极的人，时间长了，孩子就真的会变得消极。因为在潜意识里，孩子会觉得自己真的是父母说的那个样子。

6. 引导孩子积极面对挫折

人生难免经历挫折，而且现实和理想总会有很大的差距，孩子免不了会面对挫折。当孩子经历挫折时，告诉孩子这并不是一件坏事，一次不成功可以再试，考试没考好可以再努力，争取下一次考好。面对挫折和坎坷不要灰心，从头再来，这样可以更好地面对生活中的起起伏伏。

7. 避免批评

批评并不会让你的孩子做得更好，反而可能会助长孩子的负面情绪。在孩子为功课感到烦恼的时候，父母可以帮助他们，鼓励他们所取得的点滴成绩。即便成绩不是很理想，也要告诉孩子失败和成功都是人生的必修课。

肯定孩子的努力

日常生活中，父母表扬孩子时通常会怎么说呢？我们最常听到的就是"宝贝，你真听话""你真的好棒，妈妈为你感到骄傲"，这是父母潜意识里习惯肯定孩子的结果而忽略了努力过程的表现。父母总是在问，为什么明明表扬了孩子，但孩子依然不听话。其实，孩子希望得到肯定的是自己的努力，而非只是成果，别以为父母表扬孩子懂事他们就会变得乖巧，不太合适的表扬，只会让孩子更加调皮。只有恰到好处的表扬，才能培养出努力且自信满满的孩子。

为什么要肯定孩子的努力？当孩子在认真做一件事情的时候，他们所希望的是自己的付出会得到父母的肯定，哪怕事情的结果不是那么如意，起码自己也付出了汗水和努力，这本身就值得表扬。遗憾的是，大部分父母在面对孩子的时候，往往一眼看过去的就是结果，事情没做好，便是一顿劈头盖脸的骂，这样就会导致孩子越来越不愿意去做事情。

周末，妈妈在家里做饼干，孩子嚷着说："妈妈，我也想学，你教教我。"妈妈刚开始很有耐心："好呀，我给你面粉，你就帮我揉面好了。"孩子洗干净了手,帮忙揉起了面,妈妈去隔壁屋准备材料去了。孩子按照妈妈交给自己的方法揉面,揉着揉着,玩性大发,把面团弄成了自己喜欢的动物形状,玩得不亦乐乎。

过了一会儿,妈妈过来了,看到面一团糟立即生气了:"你怎么搞的,我不是让你揉面吗?你怎么玩上了,你看你,一点儿忙也帮不上,做一点点事情都做不好,这完全是帮倒忙,我看这饼干是做不出来了。"说完,叹了一口气。

这时爸爸回来了,一问就清楚了事情的前因后果,看见红着眼眶的孩子,他说:"其实,孩子主动提出帮忙,这是值得表扬的,我们应该看到他愿意学习、主动学习的态度。面可以再重新揉,这有什么困难的!"听到爸爸的话,孩子眼睛亮了,他赶紧跑到厨房拿了一袋面粉出来,说:"妈妈,别生气,我重新帮你揉面,我再也不捣乱了。"听了这话,妈妈也忍俊不禁,摸着孩子的头说:"真乖。"

案例中,智慧的爸爸赏识的是孩子的出发点及努力,而并不那么在意结果。毕竟孩子天性就喜欢玩,当他们在做一些事情时难免会忘记初衷,改由玩耍的方式,这时父母不能一看见结果不行就开骂,而应肯定孩子的努力,这样孩子才会感觉备受鼓舞,积极性不受打击。当他下一次想要做事情时,也会有积极性参与。

东东平时学习很认真,但可能天资不是很聪慧,虽然他每天学习到很晚,但成绩依然处于中等水平,这令父母感到很生气。每次考试回来,父母刚开始都是笑颜满面:"宝贝,这次考了多少分呀?"一旦东东的成绩令他们失望,妈妈便会大声斥责:"你怎么学习的,天天看你都在学习,结果整了这么几分,你真的是笨啊,你看别人怎么考了那么优秀的成绩,不知道你天天脑袋瓜里装的是什么!难道是浆糊吗?"听到妈妈口无遮拦的话,东东伤心得哭起来，自己也想把成绩提升起来，但是找不到正确的方法，这又谈何容易。

其实，孩子已经尽可能地在努力学习，只是暂时没找到合适的方法，所以导致成绩没有进步。遇到这样的情况，父母首先应该做的不是批评孩子成绩不好，而是肯定孩子学习的态度，同时帮助孩子找到正确学习的方法。一旦孩子找回信心，找到正确的学习方法，他的成绩自然就提升了。

在日常生活中，父母要注重孩子做事的过程，而非结果。当然，结果也是重要的，但是，孩子是否认真在做这件事，是否有努力，这是需要父母认真观察并及时给予肯定的，这样孩子才有动力做完这件事，才会有信心去接受更多的挑战。千万不要因为孩子做事没成功就一顿批评，孩子所需要的是自己的付出得到肯定。

小贴士

1. 别为了表扬而表扬

许多"教子方"里经常说要表扬孩子。于是，大部分父母开口就是"真乖、好听话、你真棒"。在父母的观念里，认为只要这样表扬，孩子就会真的变得很乖、听话、懂事。但是，这样为了表扬而表扬的方式，往往导致孩子没有变乖，反而变得不懂事。一旦表扬消失了，孩子就不会主动去做事了。

2. 寻找孩子的内在动力

当孩子真正对一件事情感兴趣的时候，支撑他们的往往是内部动力，只有改变自己的想法，告诉自己这件事情是有趣的，他们才会真正变得热情起来。为了表扬而表扬会抹杀孩子成长的动力，把原本属于孩子内部动力的行为转化为需要外部刺激才能运作的行为。当父母没有及时回应的时候，孩子就不再主动做事了。如果父母滥用表扬，这会让孩子错误地认为做一件事的目的就是得到夸奖，那他们本身对事情的兴趣就会消失了。

3. 看到孩子的努力

父母最好的表扬是肯定孩子的努力，而不是一味表扬孩子的能力，否则很容易导致孩子过度自负或将精力集中到竞争关系上面。比如，当孩子获得了好成绩时，父母可以说："你这次考得不错，一定要继续努力。"这样孩子就不会把成绩不好归结为能力问题，即使遇到考试失利的时候，也不会有太大的挫败感，因为他们相信通过自己努力可以实现目标。

4. 表扬要适度

父母对孩子的表扬要适度，这可以让孩子们对自己有一个清醒的认识，从而避免受到来自他人的评价性表扬的压力干扰。他们会感觉到，父母喜欢自己的努力，也能接受自己的不足之处。在未来的生活中，这样的孩子有勇气追求目标，不会总是向其他人寻求认可与赞同。

正确引导，激励孩子超越自己

孩子争强好胜的性格是一把双刃剑，它可以让孩子积极进取，力争把事情做好，也会让孩子缺乏宽容心，无法包容别人，形成不合群的性格。然而在生活中，孩子不论做什么事情都需要潜在的竞争，只有竞争才能激发出孩子自我超越的欲望，他们才可以更好地把这件事做完，甚至会发挥出以往没有的潜力。对于孩子的好胜心，父母要正确引导，善于把握孩子的这一心理特点，通过一些灵活的想法，激发孩子自我超越的欲望，这对孩子而言也是一种表扬。

小松与同年级同班的表弟一起在家里写作业，妈妈说："现在你们做同一科目的作业，公平比赛一下，看谁做得又对又好，行不行？"小松看了一眼表弟，自信地说："好，肯定是我先完成。"没想到表弟不服气地说："谁说的，还没比你怎么知道！"于是，当妈妈说"开始"的时候，小松和表弟就开始认真写作业了。

认真写了一个小时之后，妈妈来看一下两人的进度，说着："小松，你要加油哦，表弟还有两道题就完成了。"小松不自觉地紧张了起来，因为他还有三道题，他已经没有时间回答妈妈的话，只顾着抓紧时间写作业。

一个半小时过去了，小松提前10分钟完成了全部作业，而表弟随即也完成了。妈妈在检查作业时，忍不住夸奖："今天你们俩都完成得不错，又快又好，小松领先10分钟完成，我相信下次表弟一定会赶上来的。"

如果父母希望孩子做好一件事，那就要使孩子与其他孩子之间形成良性的竞争的氛围，有了竞争，孩子才会激发超越自我的欲望，孩子才有可能高效率做好事情。通过激发孩子的好胜心，让孩子知道最大的竞争对手不是别人，而是自己，他人的存在不过是为了激发自己内在的潜力。所以，父母在生活中要善于激发孩子好胜心，使他们能够有勇气超越自己。但是，对于孩子的好胜心，父母还需要正确引导，否则很容易出现相反的结果。

莉莉一直是班里的第一名，她一直把第二名的露露当成竞争对手，但因为她成绩一直遥遥领先，所以一直没把露露放在眼里。没想到一次期中考试下来，露露成功超越了她，成为了班里的第一名。当看到老师和同学都涌到露露身边向她表示祝贺时，莉莉感到非常委屈，毕竟曾经那个被围在中心的人可是自己。

回到家，莉莉捂着被子忍不住大哭起来。妈妈了解了事情的经过之后，安慰地说："孩子，人生有输有赢是正常的，关键要找出原因，你知道这次你输在哪里吗？"莉莉哭着说："因为英语比她少了10分。"妈妈继续说："其实，英语一直是你的强项，你应该检查一下是哪里出了问题，总结经验，然后你才能在下一次考试中追赶上她，妈妈相信你，你觉得学习有哪些困难的可以跟我说，妈妈给你分析。"莉莉擦干了眼泪，点点头。

争强好胜是每个人的天性，对于很多事情，只要父母善于激励，孩子就一定会以最大的热情去做，并做好这些事情。父母应该善于激发孩子自我超越的欲望，因为这确实是使孩子振奋精神、勇于接受学习上的挑战的最好的办法。但是，正如案例中一样，父母也要正确引导孩子的好胜心，这样才能让孩子找准使劲的方向。

小贴士

1. 别一味满足或压抑孩子的好胜心

父母在教育过程中，别一味满足或压抑孩子的好胜心。如果一味满足孩子的好胜心，什么事情都投其所好，为了让孩子开心而让他很容易获得成功，会让孩子丧失主动做事的机会，这只会带来反作用，容易让孩子养成自负的心理；如果一味压抑孩子的好胜心，对孩子提出过高的要求，那孩子就会遭遇失败，乃至怀疑自己的能力，时间长了就会形成一种胆怯的性格。

2. 纵向比较，让孩子提升自我

父母要正确引导，通过纵向比较让孩子发现自己的优势和劣势，进行自我完善、超越自我。让孩子明白，如果无法超越自我，那就根本谈不上去超越别人。让孩子跟过去的自己比较，对照着不足之处努力进步，这样才是激发孩子好胜心的正确方式。

3. 正确引导孩子的好胜心

只有父母正确引导，好胜心才可以在孩子成长过程中发挥积极作用。对于平时能力较弱的孩子，父母需要耐心引导，肯定孩子的努力，提升孩子的自信心。在引导孩子好胜心时，避免孩子产生嫉妒心理，父母不要以孩子的优点与别的孩子的缺点比较，这样很容易让孩子形成不健康的心理。父母需要注意引导孩子，让孩子善于发现并学习其他孩子身上的优点，充分挖掘自己的潜力再参加竞争。

父母表扬孩子要注意方式方法

父母在表扬孩子的时候，针对不同的场合、不同的对象，需要使用不同的方法，但具体而言，不外乎三种。

1. 私下表扬孩子

私下表扬有别于公众表扬，指的是父母对孩子的言行或成绩进行面对面的表扬。父母在与孩子面对面交流的时候，可以对他的进步、优点和成绩表扬几句，从而起到鼓励作用。而孩子会感觉到原来自己的行为是受到父母时刻关注的，自己的努力没有白费。当孩子怀着这样的想法时，他就会保持做事的积极性和热情度，甚至发挥出更多的潜力。私下表扬时，应对不同的孩子采取不同的方式。如果面对稍微自卑的孩子，就可以在语气上加重表扬力度，给予孩子很大的肯定；如果面对自信的孩子，那只需要片言只语稍有暗示，对方就能感觉到你的表扬。私下表扬这种方式，使用起来很灵活，可以随时随地进行，但是它在令孩子增强荣誉感和自信心的作用上，明显不如当众表扬有力。

2. 当众表扬孩子

在所有的表扬方式中，当众表扬是最常用也是最有效的表扬形式。因为它是当着其他人的面进行的，并且明确地说明、表述和评价孩子的成绩或行为，所以它激励的作用更大。它不仅是对孩子的肯定和鼓励，也是一种榜样的树立。

父母当众表扬的具体形式有：在家庭例会上当着所有人对孩子进行表扬；

当孩子做完一件事或考试之后，在总结时对孩子进行表扬；当有客人来时，适当对孩子的言行进行表扬。不管是哪种方式的当众表扬，都可以极大地增强孩子的光荣感和自豪感，从而激发其更大、更持久的积极性。

3. 借第三人之口表扬孩子

父母可以借第三人之口表扬孩子，如"宝贝，今天老师跟我说，你上课非常认真，做笔记也很全面，还经常帮助同桌复习功课。""你知道吗？今天爷爷夸你了，说你长大了，懂事了，知道照顾人了，他欢迎你随时过去玩。"这种方式的表扬，可以更真切地体现对孩子的表扬，让孩子知道这个表扬是真实可信的，让孩子感到别人是真诚表扬自己的，并不是父母当着自己说好话，所以常常可以起到私下表扬、公众表扬不能起到的积极作用。

父母在表扬孩子的时候，可以灵活地运用这三种方法，针对不同的孩子运用不同的方式，这样就能很好地激发孩子做事的积极性，使他把热情都投入到做事、学习中来，促使他发挥出更多的潜力。但还要注意一些细节。

小贴士

1. 目的明确

如果你对孩子的表扬不明确，就会使孩子对你的表扬不理解，孩子既不知道为什么会受到你的表扬，也不知道该在哪方面继续努力。含糊不清的表扬，会引起孩子的混乱，有时候还会被孩子误认为是你是随便说说而已。

2. 态度真诚

父母的表扬要真诚，要发自你内心，是你的肺腑之言。只有真诚的表扬才会被接受、被理解。如果你在表扬的时候虚情假意，只是应付式地赞扬，就会使孩子从坏的方面去理解。

3. 不要"但是……"

你在表扬的时候,千万不要后面带着批评。换句话说,也就是在你表扬完了之后,后面不要跟着"但是……",如果你在表扬后还不忘批评,那么就表示你的表扬不是真心,而是为你后面的批评作铺垫的。

4. 语言要适当

父母在表扬孩子的时候,要实事求是,不要言过其实。如果你言辞不当,就会被孩子看成是夸大其词,或者被误解别有用心。这一点在与孩子交流的时候需要特别注意。而你表扬孩子时最好采用恰到好处的方法,只有这样孩子会更容易接受。

第06章　有效表扬，正面强化孩子的好习惯

孩子身上总有许多不良的习惯，想要纠正这些坏习惯，往往不太容易。对此，父母不妨用表扬的方式，通过对孩子有效的表扬，正面强化孩子的好习惯，从而培养孩子良好的生活习惯，让孩子受益终身。

好习惯会让孩子受益终身

在行为心理学中，人们通常把一个人的新习惯或理念的形成并得以巩固至少需要21天的现象，称为"21天效应"。这是说，一个人的动作或想法，连续重复21天，就会变成一个习惯性的动作或想法。

叶圣陶先生曾经说过："什么是教育？简单一句话，就是要养成良好的习惯。好的习惯一旦养成，不但学习效率会提高，而且会使他们终身受益。"父母千万不要小看了"习惯"，习惯一旦养成，改起来很难，好习惯是这样，坏习惯也是如此，孩子的习惯一旦形成，就会直接影响孩子的行为方式。俗话说："三岁看大。"这就强调了习惯的重要性。所以，培养孩子良好的习惯就要从孩子日常生活的细微处着手，也就是那些往往被父母忽视的小事，如不爱干净、不尊重人、办事拖拉、不认真、不上进等。

一位诺贝尔奖的获得者，曾被记者问及成功经验从何而来，他说："我的成功不是在哪所大学、实验室里得来的，而是从幼儿园里学来的。在幼儿园里，我认识了我的国家、民族，学会了怎样与人交流、相处，如何分享快乐，

知道了饭前便后要洗手，玩完玩具要收好，对待别人要有礼貌、学会谦让、善于观察等"。由此可见好习惯所带来的巨大收益。小时候养成的良好习惯，对人的一生都有决定性的意义。

小贴士

1. 培养孩子良好的习惯

俗话说："习惯成自然。"习惯一旦形成之后，就具有一定的稳定性，好习惯与坏习惯皆是如此。不良习惯的改正需要花更多的时间和精力，与其花费大量的时间来纠正孩子不良的习惯，不如一开始就让孩子养成良好的习惯。当然，好习惯不是一朝一夕就能养成的，必须经过长时间的训练才能够逐步养成，所以，父母对孩子的要求要有一定的持续性，不能三天打鱼两天晒网。另外，父母在培养孩子良好的习惯时还需要一致性，如孩子的爷爷奶奶、外公外婆会比较宠爱孩子，助长孩子的不良习惯，父母对孩子要求则比较严格些，这时候，就需要稳定地坚持一种教育方式。

2. 帮助孩子纠正不良习惯

虽然父母十分注意孩子的生活习惯和学习习惯，但孩子还是难免不了会有一些坏习惯。这时候，就需要父母帮助孩子纠正不良的习惯。教育孩子必须讲究方法，纠正孩子不良的习惯也是同样的道理。父母要以鼓励提醒为主，切忌打骂斥责，要进行正面引导，动之以情，晓之以理，循循善诱，在引导孩子改掉不良习惯的同时，也要把好的习惯渗透到孩子心里，让孩子养成良好的生活习惯和学习习惯。

3. 父母的表率作用很重要

要培养孩子良好的习惯，父母就要从自身做起，如果父母本身就没有好习惯，如不爱干净、花钱大手大脚、喜欢说脏话、做事不认真，那么，孩子就会看在眼里、记在心里。时间长了，耳濡目染，孩子就会逐渐把父母身上的不良习惯集于自己身上。所以，要想孩子养成好习惯，父母就必须做出榜样和表率，那些有着不良习惯的父母也需要努力纠正，不断地完善自己，这既是教育孩子的需要，也是自己成功人生的需要。

不少教育专家指出："好习惯决定孩子的好命运。"一个人的习惯的力量是巨大的，一旦他养成了一个习惯，他就会不知不觉地在这个轨道上运行。养成好习惯，孩子将会终身受益，童年则是培养孩子习惯的最佳时期。

孩子做事缺乏主动性，鼓励他自我服务

许多父母总是抱怨孩子太"懒"了，做什么事情都需要自己提醒，否则他就坐在那里一动不动。其实，出现这样的情况，原因是多方面的：有的孩子是没有养成主动做事的习惯，孩子天性是比较敏感的，他们的注意力和兴趣容易很快转移，不能长久地保持，因而不能很好地去做一件事情，即便是做起事情来也是"有头无尾"，或者毛毛躁躁，他们在写作业的时候，总是一会儿去喝水一会儿去洗手间一会儿又在窗户边上看一会儿；有的孩子是受到周围坏境的影响，他们注意力不集中，总是被外界的东西所影响，如玩具、动画片，他们常常会停止手中的事情，把注意力转移到另外的事情上去。

孩子聪明可爱，全家人都很喜欢他，不过让爸爸妈妈有一点不满意，那就是他太"懒"了。妈妈常常这样说他："你就像那癞蛤蟆，我推你一下，你才走一步，从来不会主动向前走。"刚开始听到这句话，孩子很不理解，因为他没有看到过癞蛤蟆。

平时放学回家，总是要爸爸妈妈催促三四遍："该写作业了""放学了

就应该先把作业写了再玩，否则一会儿不许吃饭""宝贝，快来写作业，别玩了""乖，听话，赶快来把作业写了"……最后，孩子总要出去玩几次，才能把作业写完，有时甚至会挨到深夜。对此情况，爸妈很是头疼。

孩子之所以会"懒"，是因为父母太过娇惯。有时候，孩子的事情没有做好，父母发现了，为了省心省事，就大包大揽，让孩子失去了主动做事情的机会，继而使孩子产生一种依赖感，养成做事需要有人提醒的习惯。这时候，如果父母不能正确对待，再加上孩子的模仿能力又强，就会使一些不良行为习惯在孩子身上得以滋生。

小贴士

1. 言传身教

父母是孩子的第一任老师，因而，父母教育孩子的最好方式就是言传身教。父母除了鼓励孩子去主动做事情，还需要以实际行动来告诉孩子主动去做事情是一种好习惯，也会从中获得许多有益的东西。比如，当孩子做完一件事情后，父母应给予赞赏，并把孩子的成果展示给他自己看，让他获得一种成就感。当父母做好了榜样，给孩子树立起了良好的形象，孩子就会受到积极的影响，继而学会主动去做事情。

2. 培养孩子主动做事的习惯

在日常生活中，大多数孩子做事都是毛手毛脚、虎头蛇尾，这时候父母应该制止孩子们这种不良行为习惯，进行正面引导，同时也要给予孩子一定的鼓励。当孩子在做一件事情的时候，父母应帮助指出明确的目的，对孩子做事的方法给予指导。我们要从日常生活中的一件件小事做起，慢慢地培养孩子主动做事的习惯。

3. 促进孩子主动做事的积极性

有时候，孩子做得不是很好，父母开口便是一顿指责——"做不好就别做了"，这样会打击孩子主动做事的积极性，在下一次，他就不会主动去做事了。父母应该鼓励孩子去做事，即便孩子做的事情不是那么令人满意，父母也应该先肯定孩子的成绩，这样可以有效地促进孩子主动做事的积极性。

4. 适当地激励孩子

孩子缺乏做事的主动性，父母的态度是很重要的。当孩子有了偷懒的念头时，父母应该适当地用语言去激励孩子，站在孩子的角度，用鼓励性的语言来激发孩子，向孩子提出一些要求。这样，孩子就会在父母的鼓励下主动去做一些事情，他也会认为主动做事并没有想象中那么困难。

所以，若父母发现孩子做事缺乏主动性时，就应该进行正面教育，加以鼓励，并进行引导，这样就能帮助孩子克服做事毛躁的不良习惯，使孩子养成主动做事的习惯。

孩子比较浪费，鼓励他勤俭节约

随着社会的不断进步，经济生活日益发展，人们也提高了消费意识。在这其中，孩子成为了社会消费的主力军，他们的消费水平在不断地上涨，无限制的攀比浪费现象层出不穷。现在，大多数孩子都是独生子女，被父母视为"掌上明珠""小皇帝"，父母的过分宠爱对孩子的身心发展形成了一种消极影响，尤其是助长了孩子浪费的不良习惯，使孩子勤俭节约的意识薄弱，许多孩子都存在着不珍惜劳动成果、不爱护公物、铺张浪费等不良习惯，对此，必须引起每一位父母的重视。

爱默生曾经说："节俭是你一生中食用不完的美丽宴席。"但在我们身边，有着太多这样的声音——"这个玩具太旧了，扔了！""我要买汽车、遥控飞机，我要买很多很多玩具！""我觉得衣服太少了，我要买很多很多新衣服！"孩子虽然还很小，但花钱如流水的习惯已经养成了，其实，作为父母，我们应该明白即使生活富裕了也不能丢了"勤俭节约"这个传家宝。

小贴士

1. 培养孩子勤俭节约的意识

父母可以通过讲一些故事教育和引导孩子从小就要勤俭节约，不贪图享乐，不爱慕虚荣。在家里经济条件许可的情况下，吃好一点穿好一点是可以的，生活和学习的环境舒适一点也是可以的，但不能让孩子忘记了勤俭节约。父母要教会孩子量入为出，给孩子讲勤俭持家的道理，使孩子懂得一粒米、一滴水都是辛勤劳动而来的。衣食住行也是父母花力气挣来的，培养孩子勤俭节约的意识，这也是塑造良好品德的开端。

2. 父母要做好榜样

要想孩子养成勤俭节约的习惯，父母自身就要勤俭节约，如果做父母的花钱也是大手大脚，那孩子爱浪费就不足为怪了。喜欢模仿是孩子的特点，孩子的许多行为都是从模仿开始的。父母是孩子的第一位老师，你的一言一行、一举一动都将对孩子性格、品德的发展形成潜移默化的影响。父母在平时的生活中要勤俭节约，为孩子做好榜样，如随手关灯，不浪费自来水，爱惜粮食等，以自己良好的行为举止作为表率，去感染孩子，使孩子真正地养成勤俭节约的良好行为习惯。

3. 让孩子体验劳动

父母可以引导孩子进行一些力所能及的劳动，通过劳动来收获来之不易的果实。比如，在农忙的时候，父母可以带着孩子一起去拾稻穗，使他们理解什么是"谁知盘中餐，粒粒皆辛苦"，继而培养孩子热情劳动、勤俭节约的习惯。另外，父母可以让孩子搜集家里的旧物品并卖掉，把钱存起来，然后捐赠给那些贫穷的孩子。那些使用过的东西可以重复使用，如用易拉罐做一个花篮，这样既让孩子体验了劳动，也可以培养孩子勤俭节约的习惯。

4.引导孩子合理利用零花钱

父母一般都会有给孩子零花钱的习惯，但这时候，给孩子零花钱要有计划，适当地限制数额，不要有求必应，应该依据孩子的大小、实际用途和支配能力来给予。另外，引导孩子学会记账，设计一本"零花钱记录本"，将自己的零花钱的去处进行记录，父母还可以与孩子一起讨论，哪些钱是该花的，哪些钱是没有必要花的，让孩子们明白钱要花在刀刃上。

实际上，让孩子从小养成勤俭节约的习惯是很重要的，问题不并在于有没有钱给孩子花，而是要让孩子懂得钱来得不容易，应该用在刀刃上，而不能过度地挥霍，否则只会培养败家子。

孩子喜欢拖延，鼓励他行动起来

"最后通牒效应"启示我们：设定最后期限，你的效率会更高。许多孩子都有做事拖沓的习惯，他们常常会因为贪玩而误了作业，父母问他原因，他还会搬出很多借口。其实，孩子有这样的习惯对他的未来是相当不利的，习惯虽然不能决定一切，但一定程度上可以影响他做事的效率和风格，尤其是对于小孩子来说，一个小小的习惯有可能会带来一生的阻碍。

中午，林妈妈打电话回家，问小虎作业完成得怎么样了，小虎兴奋地告诉妈妈"马上就写完了"。可是，晚上妈妈回家了，小虎不好意思地跟妈妈说：

"我下午多看了一会儿电视，作业没有写完，但没有多少了，明天玩了回来也可以写的。"妈妈太了解小虎了，明天回来他也会说累了不想写，因此，妈妈很生气："昨天晚上和今天早上，你都向妈妈作了保证，今天的作业必须写完，不能拖到明天，既然你今天的事情没有做完，那么晚上继续写，你可以拒绝、不写，那么明天去公园的计划就取消。"看着妈妈这样严厉，小虎晚上加班写完了作业，第二天妈妈也兑现承诺带他去了公园。

从这一次之后，小虎就明白了做任何事情都不要拖沓，今天的事情必须今天做完，否则就会影响到明天的事情。其实，早在以前，妈妈就意识到了小虎的坏习惯，那就是做事喜欢拖拖拉拉，问他为什么没有完成，他就找借口。林妈妈觉得这样的习惯很不好，于是，趁此机会，她采取最严厉的方式让小虎改掉了坏习惯。现在，小虎每天都会把该写完的作业做完，假期的时候，还会提前写完作业，这样他就有更多的时间来玩耍了。不仅如此，小虎还成了爸爸和妈妈的监督者，当爸爸和妈妈宣布今天要完成哪些事情后，如果他们没有完成，小虎就会搬出妈妈的理论来监督他们。在监督爸爸妈妈的过程中，小虎也明白了"今日事今日毕"的重要性，有时候也会克制自己的惰性和贪玩心理，他把那句名言贴在自己的房间，以此来勉励自己。

孩子为什么做事拖沓？为什么不能主动规划本来属于自己的事情？主要原因在于父母把所有事情都做好了，孩子形成了依赖性，由此养成做事拖沓的习惯。而且，根据孩子以往的经验，一旦自己做不好事情，身边总有父母急着帮忙，这时孩子们就索性说："我就是不会做，所以你全部替我做了吧。"

小贴士

1. 短时间训练

给孩子一分钟，让他做题、写汉字、写数字，通过这些训练让孩子体会到时间的宝贵，原来一分钟可以做很多事情，从而令其懂得珍惜时间。在这个过程中，父母不妨渐渐地通过奖励积分制度引导孩子参与，毕竟孩子最初会有些兴趣，后面玩就不新鲜了，给孩子设定挑战小目标，可以激励他不断尝试。

2. 别催促，多表扬

当孩子做事磨蹭的时候，许多父母喜欢不断催促，结果越催孩子动作越慢。反之，如果父母表扬孩子，他的做事速度就会提升。事实上，父母应该多表扬，少提孩子做得不足的地方，适当地表扬，会激发孩子内在快的动力。

3. 给予孩子一些自由时间

许多父母习惯把孩子的时间安排得紧紧的，当孩子完成老师布置的作业后，还要面对其他的诸如英语培训、奥数培训等。这时孩子也会感觉到，只要自己有空闲时间，父母就会安排任务。那孩子在做作业时就会边写边玩，这样就会拖很长时间。

4. 训练生活习惯

父母应该给孩子规定时间，要求他在规定时间内完成自己要做的事情。比如，孩子和妈妈比赛穿袜子，看谁的速度快，在比赛之前教孩子怎么穿，如此循序渐进地训练。在比赛时，父母可以故意放慢速度，让孩子有赢的机会，这样可以让孩子养成做事迅速的习惯。

5. 让自然后果教育孩子

如果孩子做事经常磨蹭、拖拉，什么时候都需要父母催促，那父母可以试着不去理会这样的情况。既然他喜欢睡懒觉，就让他睡好了。本来幼小的孩子自尊心就很强，如果他因为睡懒觉而迟到了，被老师当堂批评，自然会感到很羞愧。时间长了，他也就改变了拖拉的坏习惯。

孩子做事情拖拉或者磨蹭，也有外来因素的影响。比如，受到不应有的干扰、因问题难以解决而犯愁犹豫，这都可能造成孩子拖拉、磨蹭。生气不如动心，父母花心思帮助孩子找出原因，对症下药，就能改掉孩子拖拉的习惯。

孩子喜欢抢东西，鼓励他学会分享

父母会发现，孩子在某个阶段会喜欢抢别人的东西，他们总觉得别人手里的东西更好，不但抢父母手里的东西，有时候还喜欢抢其他孩子手里的不属于自己的东西。

当孩子正在玩一个玩具时，他玩够了就会扔掉，然后又拿起第二个玩具玩。这时父母把之前那个玩具捡起来，孩子看到了便会扔掉第二个玩具，又开始抢父母手里的玩具，如此反反复复。对孩子来说，好像只有别人手里的才是好的。

父母看到孩子喜欢抢东西，会不自觉地认为孩子比较自私，长大后也会成为自私自利的人。但事实上，当孩子的自我意识开始萌芽时，就会表现得以自我为中心。他们认为自己的东西是自己的，别人的东西也是自己的，所以看到喜欢的就会拿走，看到感兴趣的东西就会霸占为己有。孩子因自我意识而抢东西，这是没有任何恶意的，是一种很正常的行为。

孩子喜欢"抢"别人的东西，大概是出于这样的原因：

首先是新鲜感作祟。毕竟孩子缺乏一些认知能力，看到别人手里的东西，心里觉得新鲜又好玩，从而忍不住想要自己抢过来。他们内心并没有想要抢别人的东西，只是因为很喜欢，所以行为方面比较过激。

其次可能受到好奇心驱使。孩子对很多事情都是一无所知的，他们总想认识周围新鲜的事物。在很多新鲜事情的引诱下，孩子们的好奇心渐渐被激发出来了。别人手里的东西，如果只能远远看着，完全不能满足内心的好奇。所以，为了仔细看一下，他们便会忍不住想要拿来自己研究一下。但孩子并不懂得如何与对方商量，让对方把东西拿给自己，所以他们就索性开始抢了。

最后是强烈的占有欲。孩子的自我意识渐渐萌发，容易以自我为中心，认为一切东西都是自己的，他们完全没有意识到自己和别人是有区别的。出于自我意识的萌发，他们对很多东西想拿就拿，完全没有顾忌。换句话说，那些喜欢抢别人东西的孩子，通常有较强的占有欲。

小贴士

1. 引导孩子认识归属者

父母需要有意识地帮孩子建立所有权的观念，如当孩子想要别人手里的东西时，父母可以强调："这个玩具是东东的，你只能玩一下，不能带走，你玩一会儿要还给东东，你的玩具在家里呢。"这些话可以让孩子认识到东西的归属权，树立所有权的概念。

2. 让孩子学会分享

孩子通常不愿意把自己的玩具拿给别人玩，这是很正常的心理。所以，当其他的小朋友想玩他的某个东西时，父母不应该强制要求他谦让别人，而应让孩子学会分享，引导他愿意和别的小朋友玩，比如，"你把这个玩具借给他玩一下，以后他有了新玩具也会借给你玩的，这样你们就各自有两个玩具玩了"。

3. 别为了满足其他孩子而让自己孩子委屈

当孩子的东西被其他孩子看中时，父母不要强行把东西从自己孩子手里抢过来满足其他孩子。因为，这样时间长了，孩子就会形成思维定式，以致变得越来越懦弱，慢慢就会形成优柔寡断、不敢反抗、不会拒绝的性格。这时父母应该好好保护孩子，让孩子感受到爱的呵护。

4. 教会孩子良好地沟通

看到孩子喜欢抢别人的东西，有的父母会直接制止："怎么能抢别人的东西呢？这是不好的行为。"其实，这样的话对孩子而言，他们并不太能接受。最好的引导，应该是告诉孩子应该怎么做，如"如果你喜欢他手里的东西，你应该先问一下他愿不愿意把东西借给你玩一下，或者你有好的东西跟他交换着玩"，让孩子知道如何与人友好协商，而不是直接抢东西。

5. 及时肯定孩子友善的行为

当孩子尝试着去与人商量时，父母需要及时肯定这样的行为。当孩子不是直接抢东西，而是友好地协商"我可以玩一下你的玩具吗""我有一个玩具，不如我们交换玩一下，你愿意吗"，父母需要及时肯定孩子这样的行为，如此，他们才会意识到这样做是正确的。

6. 让孩子学会换位思考

当孩子玩得正高兴时，父母可以突然抢走他手里的东西，然后问他"你的东西被抢了会难过吗"，孩子的回答是肯定的。此时，父母再告诉孩子，如果他抢走了别人的东西，别人也会感到很难过。当孩子感受到被抢的负面情绪之后，他就会真正地学会换位思考，为他人着想。

7. 第一时间教育孩子

当孩子第一次抢别人的东西时，父母就应该及时教育，这样可以快速有效地将孩子不良的行为纠正过来，同时可以防止孩子在多次重复这种行为之后养成根深蒂固的坏习惯。

孩子喜欢打闹，鼓励他做好小主人

孩子进入幼儿期后，常常会在人多的场合出现"人来疯"行为，异常活泼，非常调皮，让父母感到手足无措。孩子"人来疯"的行为，指的是孩子在客人面前或在有陌生人的场合表现出一种近似胡闹的异常兴奋状态。比如，家里来客人了，孩子表现得十分高兴，一开始还能正常说话玩耍，渐渐地却陷入了一种近乎疯狂的状态，又吵又闹、上蹿下跳，让客人大为吃惊，父母也尴尬不已，却不知道如何让孩子安静下来，只知担心孩子的行为会给客人留下不好的印象。

许多父母都经历过孩子的"人来疯"，平时看起来很听话的孩子，在客人面前或公共场所，忽然之间变得非常亢奋，如一只脱缰的小野马，不仅大吵大闹，而且蛮横无理。孩子为什么会"人来疯"？大部分原因在于七八岁的孩子本身就具有强烈的表现欲，喜欢给别人带来乐趣，希望得到别人的肯定和赞扬，不过，孩子在人们面前表现时又不能很好地掌握分寸，结果就疯过头了。

既然孩子如此喜欢表现，那就鼓励孩子做个小主人。

小贴士

1. 让孩子参与到聚会的规划中来

大多数父母在安排家中的聚会时，很少会邀请孩子加入讨论或者事先征询孩子的意见。所以，很多孩子都是在客人到达的当天才从父母口中得知，家里会来客人。在这样的情形下，孩子不会对聚会有参与感，他会认为那是父母的聚会，与自己无关。他们根本不知道自己可以在聚会中扮演什么样的角色，只能被动地听父母指示。

实际上，父母可以考虑在规划在家里聚会的开始就跟孩子一起组成聚会筹备小组。规划时需要考虑孩子的想法，然后分派适合孩子年龄的工作，如协助父母打电话邀请对方家庭的小朋友、协助父母打扫卫生、聚会当天负责招待其他的小朋友。这种由一家人完成聚会招待的经验，可以有效增进家庭成员的情感，而孩子在这个过程中也体会到了其中需要付出的责任心和细心。

2. 给孩子一些准备时间

父母在聚会中，有时会要求孩子表演某种才艺，或要求孩子与来的小朋友分享玩具，却事先没跟孩子商量，没让孩子去准备。当孩子害羞地唱歌或生气地拒绝分享玩具的时候，父母还会责怪孩子，认为孩子不够大方，父母这样的做法实际上对孩子的心理是存在伤害性的。

父母需要尊重孩子，假如需要孩子表演才艺，那应该尽可能事先征得孩子的同意，并给予孩子足够的演练时间，这样才能要求孩子在聚会中表演。假如当天有其他小朋友到来，应让孩子有机会事先把那些对他有重要意义而无法分享的玩具收拾好，避免因其他孩子玩这些玩具而发生矛盾。

3. 聚会后与孩子讨论细节

礼貌是慢慢养成的，所谓的"有礼貌"，泛指能够站在他人的角度设想，并做出合适的回应行为。不过孩子的认知能力是有限的，常常需要父母与其讨论并给予一定的回应，这样孩子才能将经验转化为学习。在聚会后，全家人不妨一起坐下来讨论一下，孩子哪里表现得礼貌得体，有哪些部分可以更精彩。父母需要尽可能描述观察到的行为，提出可以改善的建议，说出自己的理由和看法，让孩子对聚会礼节有一个清楚的理解，并将此内化到平时生活中。

当然，若父母希望孩子成为好客热情的小主人，那父母自己也需要成为好客的主人。比如，这种好客精神还体现在对待旅途中的陌生人的态度上。父母可以在周末的时候大摆宴席，宴请自己的朋友、同事、亲戚，这时，如果有陌生的路人进来一起吃饭，父母应表现出大方热情的一面。

下篇

这样批评孩子改正快

在孩子成长的过程中，表扬和批评是相辅相成的。若孩子做错了事情，那么我们就需要对其进行一定程度的批评，改正其不好的行为；下次做好了，父母可以给予表扬，鼓励孩子以后继续好好表现。只有这样，孩子才能健康成长，不断完善自我。

第07章　孩子犯错，父母批评有"方"

> 现代儿童教育都主张对孩子多一些表扬尽量减少一些批评，父母在实际教育中也遵循这个原则，认为对孩子需要多表扬、少批评，甚至不批评。其实，这是一个教育的误区，孩子在成长过程中，其言行难免会有所偏差，这时候就需要父母适时批评，只有父母惩罚有方，孩子才能改正错误。

孩子的成长需要适当的批评

现代教育崇尚的是赏识教育，原因在于在过往的教育历史中，父母太多不注重方法的批评给孩子造成了难以磨灭的伤害，乃至于许多孩子在成年后回忆起父母当年的批评仍感觉心有余悸。于是，赏识教育成为当今教育界的潮流，即要求父母尽可能尊重孩子的自尊心，给予孩子更多的爱和尊重，通过耐心去引导孩子改正错误，这也是大部分父母正在采取的教育方式。

难道，孩子的成长过程就不需要批评了吗？

确实，表扬可以让孩子更有自信。孩子是需要表扬的，毕竟孩子的内心是非常脆弱的，对他们来说，身边的一切都是非常陌生的，对于这个世界以及周围的人和事，他们的认知是一片空白，假如父母不鼓励孩子去接触和探索，他们是不会主动去接触的，时间长了，他们对这个世界也就失去了探索的兴趣。这样看来，孩子确实需要表扬，但这并非要求父母一味地给予孩子表扬，假如孩子做错了事情，那就应该给出相应的批评，只是父母要讲究批评的方式和方法，而不应用非常严厉的语气去教育孩子。对此，父母可以用委婉含蓄的语气去教育孩子。

孩子的三观是在成长过程中逐渐形成的，如通过平时的待人接物、生活学习。尤其是儿童时期，孩子的许多习惯都是在这一阶段养成的，他所养成的习惯是好是坏，将直接影响他一生的发展。一旦孩子沾染上一些坏习惯，父母就需要及时批评，通过合适的批评让孩子改正坏习惯，这对孩子的未来是百利而无一害的。

对于孩子，父母并不是时刻陪伴的，就父母本身而言，自己有工作、有生活，可能对孩子的关注并不是每时每刻的，总有疏忽的时候。而且随着孩子年纪的增长，他并不只是待在家里，他还要与外界进行频繁的接触，在这个过程中，孩子的行为极有可能是不规范的。对于父母来说，在这时是需要批评的，否则孩子就很容易把这个不好的行为带到成年。

小伟从小跟爷爷奶奶长大，备受宠爱，虽然他看起来聪明伶俐、漂亮可爱，但脾气相当霸道。由于爷爷奶奶总是顺着他的意愿，在家里稍有不满意的地方他就哭闹。他习惯一边玩玩具一边吃饭，总是会耽搁很长的时间，妈妈希望通过批评教育改掉小伟身上的坏毛病。

有一次，小伟在吃饭时又玩玩具，当妈妈说"我要拿走你的玩具"，小伟就哇哇大哭。妈妈对小伟进行了批评教育，告诉他："我们大家都在吃饭，你却玩玩具，等我们吃完了，你才开始吃饭，你知不知道妈妈收拾起来挺麻烦呢？吃饭就专心吃饭，玩就专心玩。"小伟继续哭，发现妈妈不再理他，自己止住了哭声，过了一会儿，怯生生地说："妈妈，我要吃饭。"

以后的几天，到了吃饭时间，小伟就主动跟妈妈说把玩具收起来。而他再也没有哭闹过，每次都乖乖地吃饭。

尽管教育孩子应坚持积极鼓励、启发诱导的正面教育，孩子也喜欢听表扬的话，而且现在绝大部分都是独生子女，在家备受宠爱，听不得一点批评，但正因如此，父母在正面教育没有效果的情况下，对孩子适当进行批评教育是非常有必要的。

孩子的教育是十分关键的。如果孩子做了好事，父母就要尽可能地表扬他，这对孩子内心是一个很大的鼓励，可以增加他的自信心。不过，孩子免不了犯错，因此，不批评是不可能的，只有适当地批评教育，才能让孩子改正错误。孩子犯了错，适当的批评不会对他的心灵有打击，他会感到自己做错了，下次也就不会再这样做了。

小贴士

1. 适当的批评可以改掉孩子的缺点

父母适当的批评可以让孩子认识到自己在哪些方面有什么不足，自己的缺点有什么，从而改正自己的缺点，尽可能避免缺点带来的负面影响，发挥自己的优势，可以更有效地促进孩子的成长。

2. 让孩子对自己的言行负责

生活中，父母适当的批评可以让孩子知道为自己的言行负责，如摔坏了东西要赔偿，因为孩子的过错会给其他人带来麻烦。通过适当的批评，让孩子逐渐成为一个有担当、有责任感的人。

3. 纠正孩子错误的行为

适当的批评会让孩子知道什么是正确的、什么是错误的，帮助孩子树立正确的价值观，适当批评是一个孩子健康成长必不可少的条件。父母在批评孩子时，既要晓之以理，又要动之以情，抓住适当的时间和环境，讲清楚道理，让孩子意识到问题所在，从而引导他们形成正确的思想和言行。

孩子的成长需要约束

没有规矩，不成方圆。父母应该在家里穿着权威的大衣，给孩子立下规矩。当然，孩子的成长是随意自然的，当父母要给孩子设限时，需要注意的是避免与孩子身上的随意自然相抵触。父母在教育孩子时，要为孩子提供一套基本的标准，简单地说，这是孩子需要遵守的底线，这套标准适用于不同年龄阶段的孩子。犹太民族的律法要求成年人为年长的父母提供饮食、衣物、住处和照料，也就是说不可忽略或者遗弃父母。当孩子还小的时候，犹太律法指出，他们应当：始终和颜悦色地和父母说话；别在他人面前顶撞父母；尊重父母和别人的隐私；不要占用父母的餐桌位子；尊重继父继母。

俗话说，"没有规矩，不成方圆"。对军队里的士兵来说是这样，对孩子们来说也是这样。或许，许多父母认为，给孩子定那么多的规矩，他们肯定是难以做到。其实，只要父母抱着充分的决心，帮助孩子克服最初的惊讶和抗拒，那父母就真的可以教导孩子改善行为，让他们更尊敬地对待父母。

著名的教育学家蒙台梭利曾说："父母的规矩应该尽量少立，但立了，就一定要遵守。"父母要让孩子自由成长，但要有一定的底线。或许，父母会认为，孩子还那么小，孩子总是不愿意，又能怎么办呢？事实上，孩子会不会守规矩、能不能守规矩，父母是最起决定性作用的人。

有时候父母经常会作出错误的示范：

1. 说话不算数

父母经常会抱怨孩子不听话，实际上却是父母自己说话不算数。这样的现象是随处可见的：有时候父母请孩子收玩具，假如孩子不听话，父母发了牢骚之后就只好自己收拾了。有时候跟孩子明明说好在小朋友家里只玩半个小时，到时孩子一哭闹，父母多半会妥协，再多玩一个小时。既然父母从来都是说话不算数，孩子当然会对父母的话充耳不闻了。

因此，父母需要让孩子明白，说话一定要算数。比如，就吃饭这件事，让孩子明白吃饭是一件自己的事情，每天一日三餐需要定点定量，假如孩子一顿不吃，就必须等到下一顿，不要纵容孩子稍后用许多零食来充饥。这不但会让孩子体会一下饿的感觉，而且让孩子明白，假如不吃，就真的会饿肚子。

2. 控制不了自己的情绪

我们经常会看到父母指责孩子：你怎么就不能安静一会儿听故事呢？像你这样，长大肯定不会好好学习；你这孩子就是坏脾气。有的父母甚至一言不发便动手打孩子。其实父母这样做只是发泄了自己的情绪，孩子则会感到十分委屈，根本不知道父母在为什么生气。

对于孩子不听话，父母应该就事论事，心平气和地制止孩子的胡闹。父母越平静，教育效果就越好，让孩子服从的应该是父母讲的道理，而不是父母情绪的激烈和说话声音的高亢。如吃饭这件事，吃饭应该是一件快乐的事情，所以最忌讳的是孩子不吃父母却逼着孩子吃。假如孩子几顿都不好好吃饭，却依然没有胃口，那就需要带孩子去看医生了。

3. 对孩子纵容过度

有时候，孩子喜欢吃糖果，尽管父母觉得应该适当控制，但孩子一闹，就一块一块地给。孩子喜欢看动画片，父母就一次次纵容，总是延长时间，直到一整部动画片全部放完才罢手。实际上，很多时候不是孩子不遵守规定，而是父母心太软，不肯给孩子定规矩。

对于这样的情况，父母需切记，"没有规矩，不成方圆"。假如孩子不遵守约定，那么父母应发出一次警告；假如孩子还是不听，那父母就应该果断地关掉电源。这样的行为或许有些粗暴，却是父母说到做到的最佳办法。对于孩子来说，越是他们喜欢的东西，就越是要有节制，从小教孩子懂得自我控制，长大他才能自己管住自己，成为一个对自己行为负责的人。

4. 粗暴地处理问题

经常会听到父母发出这样的抱怨：这孩子，不就一个小脏瓶子吗，丢都丢了，至于哭成这样吗？或者父母会说：这玩具不好玩，妈妈给你买另外那个。结果孩子不乐意了，大人又开始抱怨了。犹太父母认为，实际上孩子们有自己的想法和思维方式，父母应该多从孩子的角度考虑问题，这样才能真正地理解孩子心里在想什么。

感受是伴随行为产生的，与其坐等孩子开始变得听话，父母不如主动去培养孩子们礼貌的习惯。假如父母每天都跟孩子们一起使用有礼貌的措辞，感谢和尊重的感觉就会从孩子的行为中慢慢延伸出来。而且，除了培养良好的态度，措辞和举止会让孩子更在意自己的幸运、责任和别人的辛劳，要求孩子们学会说这些话对于教会他们规矩是一个不错的起点。

小贴士

1. 不以大人的行为准则来要求孩子

父母在制订规矩时不要以成年人的行为准则来要求孩子，别把孩子的所有淘气行为都一律归结为犯错。父母要从孩子的角度出发，制订合理、科学、明了的规矩。父母作为孩子的引导者，给孩子立规矩时要以尊重、直接而又坚定的口吻对孩子说"哪些可以做，哪些不可以做"。

2. 让孩子容易明白和遵守

父母所制订的规矩要简单易懂，让孩子容易遵守，如要求孩子早点睡觉，不如直接告诉孩子九点半以前睡觉。当父母制订这些规矩之后，首先要从自己做起，以身作则，才能让孩子遵守。

3. 明确规矩的具体内容

制订的规矩要明确具体内容，毕竟孩子的理解能力低，自我控制能力也不强，如果制订比较复杂的规矩，不仅不能够让孩子遵守，反而会让孩子摸不着头脑。父母需要把道理讲清楚，而不是简单粗暴地命令孩子，更不要说"一切都是我说了算"，改变态度才能让孩子信任你，然后顺从你的要求。

4. 明确奖励和惩罚

父母给孩子制订规矩之后，需要在其中明确奖励和惩罚，孩子做得比较好就奖励，做得不好就应有惩罚。奖励和惩罚需要根据孩子具体的情况来确定，哪怕孩子知道错了，父母也要按照规矩惩罚，从而培养出孩子负责任的态度。

5. 规矩要适合长期使用

给孩子制订的规矩要适合长期使用，在这个过程中，孩子可能会感到疲惫，对此父母可以想办法鼓励孩子，培养他好的行为习惯，定好孩子每天做的任务，表现好了就给予奖励，表现不好就有相应的惩罚。

6. 多听取孩子的意见

父母在给孩子定规矩的时候，要控制好自己的情绪，冷静地制订规矩，并允许孩子提出不同意见甚至反驳，多听取他们的意见，以利于制订出可实施的规矩。一旦规矩制订好之后，就必须执行，父母要帮助孩子成长，严格按照规矩执行，奖罚分明，知行合一。

孩子为什么总不遵守约定

父母应让孩子懂得，即便自己吃亏，也不能打破约定。若孩子不遵守约定，那他们是应该被批评的。约定的本质是一种信任与被信任，遵守约定反映的是人的诚信品质。孩子从小知道遵守约定的重要性并能身体力行，这对于他们的一生是非常重要的。而父母需要做的就是帮助孩子学习遵守约定、信守承诺。

父母与子女之间的互相承诺也应像与大人的交往一样认真对待，这不但是与孩子交流的一种合理形式，同时也是培养孩子健康人格的一种教育手段。一旦孩子意识到自己答应了的事情就一定做到，他便懂得了责任感，从而学会履行责任，养成良好的道德习惯。

小贴士

1. 制订一些简单的规矩

所制订的约定规则应该简单易懂，让孩子容易遵守。父母需要避免一下子制订许多规矩，避免制订一些复杂的规矩，更不要制订孩子不容易遵守的规矩，否则这就好像是口头支票，没有任何意义。而那些简单易守的规矩会让孩子感到遵守规矩是一件高兴的事情，能让他们增强自信心。

2. 提前约定

约定的时机一定要在行动之前，不要出现问题了之后才来谈约定。比如，父母在出门前就应和孩子说，"我同意带你去超市，不过这次不买玩具"或"这次只买一个玩具，行吗"，等到孩子答应之后才进行行动。

3. 父母需要以身作则

父母想要孩子学会遵守约定，自己就要作好榜样。有的父母不能以身作则，和孩子约定的是一套，自己做的又是另外一套。而许多家庭在教育孩子方面往往意见不合，这会让孩子觉得自己有了靠山、有了袒护自己的人，他们不害怕受到惩罚。此外，这样会影响孩子正确价值观的形成，他们不知道怎么样的做法才是正确的。

父母经常会对孩子妥协，当孩子违约之后，父母因为受不了孩子的哀求而妥协，如此一来，孩子就会变本加厉地违背约定。假如父母对孩子进行威胁，如"你说话不算数，妈妈不要你了"，说这样的话，还不如冷落孩子，反而会让孩子得到反省的机会。

父母习惯性的错误做法是哄孩子，时间长了，孩子会觉得"反正我只要一哭闹，他们就会过来哄我，这招最管用了"。结果，不遵守约定、哭闹、耍赖就成为了孩子们的家常便饭，再想纠正过来就困难了。当父母没办法兑现承诺的时候，需要向孩子说明原因，否则就会让孩子产生一种父母说话不算数的误解。

4. 约定一旦开始，就不要放弃

与孩子制订的约定一旦开始，就不要轻易放弃。不要对孩子的反抗显得手足无措，更不要轻易放弃、妥协，给孩子例外、开绿灯。坚定的约定能给孩子安全感，而摇摆不定的则让孩子感到无所适从。因此，父母自己首先要遵守约定，一旦开始，就不能中断，即便确实难以完成，父母也要和孩子一起想办法，努力去解决问题。

5. 尝试让孩子承担后果

在违反约定的时候品尝行为后果对于帮助孩子建立行为准则是非常重要的，父母需要动脑筋，给孩子实施自然和逻辑后果，通过行为后果帮助孩子学会承担责任。让孩子知道，假如自己不遵守规则，就会承担不愉快的后果，如受到惩罚。所以，在给孩子建立规则的过程当中，一定要让孩子学会承担自己的行为后果。

6. 对孩子要言而有信

父母要尊重孩子，不要以为孩子年龄小、不懂事，对孩子说过的话不重视，不管是否兑现都不必在意。因为在孩子的眼里，守信用是最重要的。孩子有时候会抱怨父母说话不算数，只是因为他们希望自己的愿望得到满足。

7. 注重许诺的次数

对孩子许诺的次数应随着孩子年龄的增长慢慢减少，因为年龄小的孩子控制能力比较差，许诺可以适当多些，随着孩子年龄的增长，有较好的自控能力，许诺的次数可以慢慢减少。

8. 避免胡乱许诺

父母的许诺必须利于孩子的健康成长，起到正面教育的作用。因此，父母不要在孩子面前夸口，胡乱许诺，许诺太多而又不能兑现，会让父母在孩子心目中的地位大大降低。假如孩子提出一些不应该提出的要求，父母则需要有自己的原则和底线，把握一个"度"，需要清楚地告诉孩子是否可以。这样会让孩子慢慢懂得在生活中有"可以""不许""应该"等一些概念，父母是非分明，才能促进孩子的心理健康。

9. 多进行精神许诺

许诺包括物质许诺和精神许诺，适度的物质许诺是可行的，不过不能过度，否则只会滋长孩子虚荣、自私等不良习性。父母可以尽可能地许诺精神活动，如许诺给孩子买书，带孩子去看画展、旅游等，这样不但可以调动孩子做事的积极性，同时还可以丰富孩子的精神世界，开阔孩子的视野。

10. 当诺言不能兑现时积极应对

有时父母因为需要工作等原因影响了诺言的兑现，令孩子感到失望、委屈，这时，父母不可以强迫孩子接受许诺不能兑现的结果。父母应该主动而诚恳地向孩子道歉，然后将不能兑现的原因告诉孩子，获得孩子的理解和原谅，并在以后寻找合适的机会兑现自己没有实现的诺言。即便孩子短时间内没办法谅解，父母也不要用呵斥、教训的方式对待孩子，应允许孩子发牢骚、表示不满的情绪。父母错了，或违背自己许下的诺言的时候，假如可以向孩子说一声对不起，可以帮助孩子建立自尊，同时可以培养孩子尊重人的习惯。

少了批评，孩子会相当任性

在生活中，我们经常看到一些孩子，为了达到某种目的特别任性，有时甚至会哭闹不止，把父母搞得精疲力尽，仍不罢休。面对这样的情况，有的父母选择退让，或者听之任之；有的父母则把这种任性完全归咎于独生子女太受娇惯。

美国儿童心理学家威廉·科克的研究表明，孩子任性是一种心理需求的表现。孩子随生理发育，开始慢慢接触更多的事物，他们对这些事物正确与否，不可能像父母那样可以瞻前顾后地分析，甚至作出判断。孩子只是凭着自己的情绪和兴趣来参与，虽然这些事物往往是对他不利的，或者是有害的。这时父母会以成年人的思维去考虑他参与的结果，完全忽略了孩子参与的情绪和兴趣。

处于独立性萌芽期的孩子，一切事情都想亲力亲为，都想弄个透彻，这本来是一件好事。不过，这种"亲力亲为"的心理，往往不能合理地表现出来。父母对于这样的情况，不可全权包办代替，也不要断然拒绝。否则，孩子的任性心理将会更加严重。孩子的任性，其实是一种与父母对抗的逆反心理，其根源又在于父母没有重视他们的心理需求。

1. 培养孩子良好的行为习惯

培养孩子良好的行为习惯，可以从根本上解决孩子任性的问题。父母可以让孩子从小养成良好的行为习惯，处处按照要求做，这样孩子就可以自觉地和父母保持一致了。一旦孩子养成了良好的生活习惯，做什么都有规矩，他就不会随便提出一些特殊要求。

2. 坚持原则

孩子之所以任性，往往是因为抓住了父母的弱点，父母越怕孩子哭，孩子就越是哭个没完；父母越怕孩子满地打滚，孩子就偏在地上滚个没完。对于孩子提出的不合理要求，不论他怎么哭、怎么闹，父母绝不能有任何迁就的表示，要坚持原则，态度坚决，而且势必坚持到底。

3. 情感上理解，行为上约束

父母要在情绪上理解孩子的行为，但在行为上要坚持对孩子的约束。比如，在吃饭的时候，孩子看到桌上没有自己喜欢吃的菜，就生气地拒绝吃饭，这时，即便冰箱里有原材料，父母也不要迁就孩子，应明确表示饭菜已经准备好了，不应该随便换。假如孩子继续哭闹，就让他饿一顿，等他觉得饥饿时，自然会寻找东西吃。

4. 鼓励孩子多与小伙伴玩

群体生活的一个重要原则就是少数服从多数，假如个人的意愿与多数人不一致，那就会被否定。父母可以多让孩子与同伴玩耍，因为，在同龄人中间，假如孩子总是任性，他就会被群体孤立。比较任性的孩子处于群体之中时，他不会随便把自己的小性子表现出来，他明白自己任性只会遭人讨厌。这样时间长了，孩子身上任性的毛病就会慢慢淡化了。

5. 适时批评

有的父母觉得孩子就是这样任性，估计无法改正。实际上并非如此。孩子毕竟还小，只要父母善于诱导，完全可以改变他任性的毛病。父母在诱导时要多利用积极因素，克服消极因素。当孩子任性时，父母需要适时采用"三明治批评艺术"，即：表扬—批评—表扬。

6. 转移孩子注意力

当孩子任性的时候，父母可以利用孩子容易被其他新鲜事物所吸引的心理特点，把孩子的注意力从他坚持要做的事情上转移开，从而改变孩子的任性行为。比如，孩子在一个地方玩得很上瘾，不管父母怎么说他都不愿意离开，这时父母不妨说："走，我带你去坐汽车。"孩子就会愉快地答应下来。

没有必要对孩子有求必应

经常丢三落四，找不到自己的书和作业本，漂亮的书包里乱得像"纸篓"，这是许多小孩子身上时常发生的事，而造成这样结果的很大一部分原因就是父母对孩子的事情大包大揽，他们总认为孩子还小、一些事情还不会，却不懂得教会孩子怎么去做，连整理书包这样的事情也一手包办代替。长期这样下去，孩子的生活自理能力就会越来越差，现在可能只是书包乱糟糟的，而以后他的生活都是乱糟糟的，没有任何的条理性。作为父母，我们没有必要对孩子有求必应，而应通过适时批评培养孩子的动手能力和责任意识。

孩子生活自理能力差，动手能力差，对父母依赖性强，这些情况需要父母及时干预，让孩子明白他们已经不再是低年级的小学生了，已经长大了，自己能做的事情要自己做，特别是自己的学习用品、书包一定要自己整理，这样，就不用担心东西找不到了。另外，父母要首先从和孩子一起整理书包开始，教会孩子学会看课程表，逐渐地让孩子依据第二天的课程安排来整理书包。为了让孩子学会有序地生活，父母应该有意识地让孩子做一些力所能及的事情，不要担心孩子做不了，而应多找一些机会培养他的独立生活的能力。

一般而言，当孩子在两三岁的时候，父母就可以慢慢教孩子学做自己的事情，到五六岁孩子就能基本自理了，再大一点就可以帮助父母做一些简单的家务了。"孩子才四五岁，让他做些家务事合适吗？"有不少父母表达了自己对孩子做家务事的矛盾心理，他们觉得应该从小锻炼孩子，让孩子做些家务活，但他们又觉得孩子还比较小，不知道让孩子做些家务是否合适。其实，教育专家建议，父母应该从小就培养孩子做家务的意识，相信孩子会做好，放手让孩子做一些力所能及的家务活，如帮父母拿衣物、鞋子、小凳子，如果孩子有兴趣，也可以教会孩子扫地、擦桌子、折衣服等，培养孩子爱劳动的好习惯。而且，在做家务的过程中，孩子本身也会感受到乐趣。

父母让孩子做一些力所能及的家务活，可谓是益处多多：首先，这样有利于培养孩子的自立意识和独立生活能力。现在，大多数孩子都是独生子女，宠爱孩子的父母会把衣食住行都包办代替了，这样下去会让孩子缺乏应有的生活尝试，生活自理能力也很差，一旦离开了父母就会变得无所适从。父母应该明白让孩子做一些简单的家务活，通过学习一些基本的生活常识，增强他们的生活自理能力。其次，让孩子干一些力所能及的家务活，有利于训练孩子的手脑协调功能，让孩子在手和脑的不断循环中相互促进，增强孩子动手动脑的能力。最后，在帮助父母干家务活的过程中，可以让孩子体验到劳动带来的苦与乐，丰富孩子的课余生活，也为孩子提供一个体验父母生活的机会，让孩子懂得感恩，懂得珍惜每一天的生活。

小贴士

1. 让孩子学会有序地生活

学会有序地生活是追求高品位生活的表现，特别是对于正在成长的孩子来说，有序的生活环境有利于孩子形成文明的生活习惯，孩子将受益终身。这时候不妨让孩子从收拾自己的书包开始，逐步培养孩子有序的生活习惯。父母要唤醒孩子的独立意识，改变孩子事事都依赖父母的坏习惯，当孩子乐意主动动手时，父母要给予表扬，让孩子看到成功，体验到快乐。

2. 让孩子学会自我服务

有的父母认为孩子还太小，什么事情都做不了，在这样的思想下，他们对孩子的一切事情大包大揽，表面上是爱孩子，其实是害了孩子，因为总有一天孩子要脱离父母的庇护，展开翅膀自由飞翔。所以，父母要培养孩子独立生活的能力，要让孩子知道自己的事情自己做。当孩子还小的时候，父母可以教孩子学会自己穿脱衣服、自己穿鞋系带、自己铺床叠被、自己吃饭、自己洗脸洗手、自己收拾整理玩具学习用品。在学习中，父母要先示范，然后让孩子在父母的指导下练习，直到孩子独立也会做为止。

3. 让孩子做一些力所能及的家务活

有的父母认为孩子的任务就是学习，家里的事情用不着孩子操心，实际上，做一些力所能及的家务活可以让孩子放松心情，真正地做到劳逸结合。父母应该让孩子做一些简单的事情，如与父母一起打扫清洁、择菜、洗菜，还可以让孩子学会做饭，做一些简单的菜，让孩子到不远的地方买些日用品，等等，这样，即便是父母外出了，孩子也能够照顾好自己。其实，这些事情在孩子看来是新鲜的，也是快乐的，他也会有成就感，觉得自己能帮助父母做事了。

孩子犯错了，父母怎么说

假如孩子在新年联欢会上表演出错或做算术题全班倒数第一，孩子会说，"以后再也不会上台表演了，免得当着那么多小朋友出丑""真希望永远不再做算术题了""我只不过事先没有排练或偶尔粗心罢了，下次我好好作准备，超过别的小朋友绝对没问题"。孩子的这些面对挫折的心态，并不是与生俱来的，而是经历逆境后慢慢形成的。假如父母能成功地引导孩子认同"我一定能把困难战胜"的态度，那无异于给了孩子一笔巨大的人生财富。

父母总是容易犯这样的错误，在一些比赛中，孩子因失败而哭泣，父母在一边心疼，于是上前安慰："我们认为你是最好的。"父母认为孩子会停止哭泣，不过刚好相反，孩子哭得更厉害了。孩子因为失败而难过的哭泣变成了认为裁判不公平的哭泣，最严重的是孩子想法的转变，孩子会想："我是最好的，老师是不公平的，我再也不要参加了。"这样一来，孩子会更加认为自己没有输，开始抱怨别人的不公平，最后将自己的失败归在他人身上。父母应该引导孩子正确对待失败，并从失败中吸取教训，这次输了，是什么原因导致的——是因为太紧张吗？是准备不够吗？这样才有助于孩子养成正确面对失败的良好心态。

生活和学习中，孩子常常会犯这样或那样的错误。犯了错误的孩子，心里也常会充满担心，担心老师批评、父母责骂。如何对待犯错的孩子，犯错的孩子应该如何教育？对此，为人父母者首先要摆正自己的态度。对待犯错的孩子，不能厉声责骂，要帮助孩子逐条进行分析，看看孩子做事的动机。如果孩子的动机是好的，父母就要给予及时的肯定，要对他进行适时的表扬；如果孩子的动机不良，父母对孩子也不能姑息迁就，要让孩子认识到自己的错误，帮助他进行改正，以免以后再犯同样的错误。

孩子犯错，究其原因，不外乎两种情况，一是因为自己没有经验，能力达不到，而使自己犯错误；二是明知故犯，已经能明晓事情的结果，故意犯错，在做事时发怒气、泄私愤，对别人进行打击报复。对待犯错的孩子，父母不应该视若不见，要及时提醒孩子，不要再犯同样的错误或无意义的错误，应该让孩子在错误中有所进步，让孩子明白知错必改的道理。

小贴士

1. 让孩子明白错误所在

对待犯错的孩子，要让孩子明白错误所在，父母应把错误看作教育孩子的良机，以平和的心态教育孩子改正自己的错误。如果对待犯错的孩子严厉批评、进行处罚，不顾及孩子的承受能力，孩子的心理就会受到重创。心理受到伤害，孩子就可能会铭记很多年，以致以后错误不断。因此，对待犯错的孩子，父母要进行正确的教育，多鼓励和肯定孩子，帮助孩子改正错误，让孩子健康成长。在教育孩子前，父母首先应端正自己的态度，帮助孩子分析所犯的错误，让孩子从中吸取教训，从而培养孩子的道德良知，让孩子能够健康成长。

2. 帮助孩子分析错误原因

对待犯错的孩子，父母不能一概而论，要分析孩子所犯错误的原因，让孩子从思想和心理上认识到自己的错误，进而去改正它。如果父母对孩子的错误不进行认真细致的分析，孩子认识不到自己的错误，就难以进行改正。

3. 用适当的方法教育孩子

父母要教育犯错的孩子，要讲究方法，因人而异。如果孩子任性，不听话，不轻易接受别人的意见，父母就要有耐心，不能着急，要了解孩子的心理，循循善诱，使孩子认识到自己的错误。如果孩子知情达理，懂得是非曲直，父母对孩子的教育就能很快奏效，取得惊人的效果。对待犯错的孩子，要让孩子从错误中学到有益的东西，避免孩子再犯同样的错误，如此对孩子的教育才能取得成功。

第08章　了解孩子调皮的原因，不随意批评

生活中，孩子常常会做出惹父母生气的事情。很多时候，父母在不了解情况时就开始批评，其实这是很不理智的。父母应该先冷静下来，了解孩子调皮的原因后再批评也不晚。

父母其实根本不了解孩子

常常听到孩子这样抱怨："父母根本不理解我们的需要，他们想说的就说个没完，而我想说的他们却心不在焉。"孩子的这种烦恼是普遍存在的，其实，孩子内心里有着许多想法，他们也有欢乐、苦恼、意见，如果父母不能主动走进孩子的内心世界，孩子有了意见没有得到及时的交流，那么父母与孩子之间的鸿沟就会越来越大。

于是，父母埋怨"孩子不理解我的一片苦心"，孩子也抱怨"父母根本不了解我"。其实，孩子在这一阶段已经逐渐有了自己的内心小世界，由于惧怕、害羞等多种原因，他们会封闭自己的内心世界，不会轻易向父母吐露自己的内心想法。这时候，就需要父母主动走入孩子的内心世界，倾听孩子所思所想，读懂孩子的烦恼与快乐，真正成为孩子的知心朋友。

一天，女儿放学回家后若无其事地告诉妈妈："今天上午上数学课的时候，我居然睡着了。"上课的时候居然睡觉？妈妈听到这话就生气了，责备道："上课时睡觉，你说我辛辛苦苦挣钱供你读书，你都做啥了？"女儿有些

委屈:"我觉得困了就小眯了一会儿,睡了起来看见老师正在讲课,我都不知道自己睡了多久,也没人叫我。""睡觉,睡觉,我让你睡觉!"妈妈开始拿着鸡毛掸子打女儿,家中渐渐响起女儿的哭声。

过了一周学校开家长会,老师向妈妈反映:"孩子很喜欢上课时睡觉,当着全面同学的面都批评了好几次,她还是这样,一点也不改进,希望你们可以敦促一下。"妈妈回到家,对女儿又是一顿打骂,女儿挂满泪水的脸,有一丝幸灾乐祸的笑容。因为她博取妈妈关注的心理得到了满足。

心理学家认为,父母与孩子之间的沟通,孩子是掌握着主动权的,因而有的父母会说"他心里有什么想法,那也得开口向我说,否则我怎么能走进他的内心世界呢"。其实,孩子都有一定的惧怕心理和羞涩心理,即便是有一些想法,他们也不会主动告诉父母,而是需要父母诱导孩子说出来,或者父母通过自己的方式来了解孩子,走进孩子的心灵世界。教育专家认为,要想走进孩子的心灵世界,就要和孩子交朋友。

小贴士

1. 主动与孩子的老师沟通

有的父母没有主动与孩子老师沟通的习惯,他们认为孩子在学校就应该是学校的责任,如果孩子有了什么事情,老师会主动联系自己的。其实,每个班级那么多学生,老师根本不会顾及每一个学生,这就需要父母主动与老师交流。这样,父母能及时地了解孩子的学习表现和思想素质,还能够积极主动配合老师对孩子存在问题的及时改正,便于父母与孩子进行顺畅沟通,了解孩子最近的表现,有助于父母走进孩子的心灵世界。

2. 冷静处理孩子的过错

明明知道孩子做错了,父母也应该保持冷静的心态,冷静地处理孩子的犯错行为。这时候，如果父母的情绪失控，就意味着中断了自己与孩子的谈话，因为，在孩子内心，他是不希望看到父母失望的，一旦父母表现出过分的失望和担忧，就会造成孩子隐瞒真实想法的严重后果。所以，当孩子犯了错误后，父母要设身处地为孩子着想、为孩子分忧，不对孩子的所作所为大肆发表自己的意见或者大声指责，这样孩子渐渐就会对父母说出自己内心的想法和秘密。

3. 了解孩子的内心世界

有的时候，孩子并不愿意向父母坦白自己的想法和意见，甚至也不愿意与自己的好朋友交流，他们喜欢将心声写成作文和日记。这时候，父母可以从孩子的作文和日记中了解他的内心世界，当然，看孩子的作文和日记，一定要征求他的同意，毕竟日记是孩子的隐私，暴露出来是需要勇气的，这需要父母理解。

4. 与孩子成为朋友

父母要想主动走进孩子的内心世界，就要与孩子进行密切接触，消除距离感，成为"零距离"的知心朋友，这样孩子才会把自己的一些想法做法告诉父母。这时候，孩子不把父母当作高高在上的父母，而是当作可以交心换心的好朋友，他就不会对父母保留自己的秘密。

5. 重视孩子的内心需要与感受

父母需要重视孩子的内心需要与感受，体会孩子的烦闷、苦恼，鼓励孩子表明自己的想法和感受。有时候，父母可能会不赞同孩子的一些行为，但是要理解孩子的内心感受。父母要明确，孩子对事物的感受或心理活动往往比他的思想更能引发他的行为。所以，父母应该重视孩子的感受，并对他的感受认真加以理解和评价，这样会促使孩子在你面前展露一个真实的内心世界。

6. 给孩子战胜困难的勇气

当孩子面对没有做过的事情，或没有把握的事情，或者面对困境和挑战的时候，最希望得到父母真心的鼓励。告诉孩子"你能行""不要怕""再加把油""你是个勇敢的孩子""要有点冒险精神呀，宝贝"，可以鼓励孩子勇敢面对、大胆进取，不断努力和尝试。

7. 认可孩子的观点和行为

孩子往往希望可以从大人那里得到认可，但我们似乎总是让他们失望。多与孩子交流，"你的看法有道理""你一定有好主意""你的想法呢"，而不要轻易否定他们的看法和想法，不要驳斥他们的意见，学着鼓励孩子表达出自己的心声，让他们按照自己的想法去做做看、去试探一番，宁愿他们从中得到教训，也不要轻易否定他们。没有试过，你怎么知道自己一定就比孩子高明呢？

8. 珍视孩子的进步

随时都要看到孩子的进步，并及时给予赏识，这样才能让孩子重新建立做好事情的勇气和信心，否则会让孩子失去前进的动力。对于孩子任何的一点进步，都应该及时给予鼓励和称赞，欣慰地对孩子说"你长大了"或者"不要急，慢慢来，你已经有了进步""你一点也不比别人笨，妈妈每次都能看到你的努力和进步。"这些足以让孩子看到你对他的重视，产生"一定会做得更好"的勇气和信心。

了解孩子，说他想听的话

夫妻结婚后有了孩子，大部分的精力就会花在孩子身上。想要养好孩子，首先要了解孩子的心性。父母对孩子的心性仔细了解，说些贴合孩子心理的话，就会渐渐使孩子渐渐养成好性情，有利于孩子的健康成长。孩子的性情，会由于父母不同的教养方式呈现出不同的模样。良好的教养方式，能够促进孩子的健康成长和发育；拙劣的教养方式，会改变孩子的性格，使活泼可爱的孩子神情抑郁、苦闷不堪。因此，为人父母者，要教养好孩子，就要选择正确的教养方式，让孩子快快乐乐地成长。

父母在教养孩子时，如自己对孩子说话温柔可亲，不焦急、不暴躁，说话切合孩子的心理，孩子就会养成好秉性，表现出活泼开朗、积极向上的性格。如果父母不了解孩子的心理，自己常常心情抑郁、沉闷不乐，不顾孩子的心理和感受，和孩子说话爱搭不理，态度冷淡，孩子的心理就会受到打击，心情就会变得压抑，性格也会忧郁，这不利于孩子的健康成长。

作为父母，我们有权利有责任养好孩子，培养孩子良好的性情。父母了解孩子的心性，说一些贴合孩子心理的话，孩子的心理就会趋于平和，即使遇到难以解决的事情也会冷静处理，而不会乱发脾气，暴跳如雷。父母要了解孩子的心性，就要多和孩子进行言语的交流，对孩子说话要循循善诱，不能因为孩子说话缓慢或口吃而斥责孩子，要给孩子讲道理，让孩子明白，和别人相处时应该怎么说话、怎么做事。只有了解孩子的心理，父母才可以把孩子培养成理想中的快乐宝宝。

文静婚后生了一个可爱的小宝宝，取名张欣。已经四岁的张欣和同龄的小朋友比有些忧郁，他不喜欢和小朋友在一块儿玩耍，喜欢躲在人少的地方，也不太爱说话。对于张欣的这种表现，文静很着急。她担心这不利于张欣的健康成长。为此，她请教了几位有教子经验的母亲，了解到了孩子的胆怯心理。

为了改变张欣的性格，把张欣培养成性情活泼的孩子，文静特地让张欣和小朋友们多接触，鼓励他和小朋友们说话。原来对其他小朋友感到胆怯的张欣，此时，看到小朋友都在玩耍，也敢上前和他们说话了，虽然说得结结巴巴，但是小朋友还是听懂了他的话，邀请他一块儿玩耍。看到张欣快乐地和小朋友们嬉笑着、玩耍着，文静的心里感到了莫大的安慰。

文静又把张欣带到不同的场合，以此锻炼张欣的胆量，培养他的说话能力。经过一段时间的锻炼，张欣的说话能力得到了加强，不再像以前那样胆怯了。文静了解了张欣的心性，再和张欣说话时，总能贴合张欣的心思，没有了隔阂，张欣也能很快明白文静的话，按照文静要求的去做。看着变得活泼可爱的孩子，文静感到非常开心。

小贴士

1. 了解孩子的心性，才能沟通顺畅

父母了解了孩子的心性，说贴合孩子心理的话，就能和孩子进行良好的沟通。如果父母不了解孩子的心性，在和孩子说话时，不看说话对象，不分年龄场合，孩子不懂父母的话，就不会按照父母的要求去做。只有父母了解了孩子的性情，说贴合孩子心理的话，孩子才能被塑造成父母心目中的理想形象。案例中的文静，在了解到自己的孩子张欣由于胆怯不敢和别人说话时，就特地锻炼张欣的说话和交际能力，使张欣的性格逐渐朝着良性发展，把张欣培养成了活泼可爱的孩子。

2. 了解孩子的心性，才能让孩子有良好性格

父母了解孩子的心性，说贴合孩子心理的话，是培养孩子、塑造孩子性格的良好途径。父母对孩子的心性不了解，不明白孩子的优劣点，说话不符合孩子的心理，孩子就难以接受、难以明白。这样，父母和孩子沟通就非常困难。只有了解孩子的心性，说贴合孩子心理的话，父母才能成功地与孩子进行无障碍的交流，倾听孩子的心声，培养孩子的兴趣，让孩子健康地成长。因此，父母对待孩子要付出真心，了解孩子的心性，和孩子说话时要让孩子听得懂、心里明白，对孩子进行多方面的培养，这样孩子才能成为快乐宝宝。

过高的期望值会让孩子迷失方向

现代社会竞争压力越来越大，父母对孩子的期望值也越来越高，父母迫切地希望孩子成才，导致孩子的学习负担越来越重，孩子的逆反心理也越来越强。心理学家提出，实现成功需要一步步地努力，过高的期望值很容易让孩子迷失方向、看不到出路。

"望子成龙、望女成凤"由来已久，父母对孩子的期望值过高，是我国目前独生子女父母群体中普遍存在的现象。通常，孩子到了三四岁，父母就开始琢磨应该让孩子学点什么，假如是孩子本身愿意去学，那也就无可非议，但多数情况是父母威逼利诱让孩子去学这个学那个，结果弄得自己苦不堪言，而孩子也失去了一个快乐的童年。

很多父母对子女抱太高的期望，经常不自觉地给孩子施加压力，强迫孩子在小小年纪就去学这学那。结果，许多孩子对学习产生了厌恶情绪，有的还严重影响到身心健康。希望子女成才无可厚非，不过父母必须明白不是每个人都成得了"人中龙凤"，因此不要过分苛求自己的孩子，也不要让孩子过早背上沉重的思想包袱。

父母的期望值过高对孩子而言并非一件好事情，有时候甚至会导致可怕的后果。有的孩子本来有自己的优势所在，但假如父母的期望值过高，偏离了孩子本来的情况，就会让孩子产生不自信、没动力，甚至厌烦、叛逆等心理，这不仅不利于孩子的进步，反而容易让孩子的心理出现问题。

小贴士

1. 明确教育成功的内涵

父母怎么样才算对孩子尽到了责任，怎么样才算教育孩子成功？对此，许多父母都喜欢用"出人头地""成名成家"来衡量。实际上，教育的最高理想不是培养出多少不可一世的大人物，而是培养出多少和谐幸福的人。对父母而言，教育孩子不一定要把他培养成教授或博士才算成功，关键是要让孩子成为一个幸福的人。

2. 尊重孩子的兴趣爱好

父母应该设身处地考虑孩子的实际情况，照顾孩子的兴趣爱好和实际能力，尊重孩子的意愿，而不能盲目地要求孩子按照父母预先设计的轨道成长，千万不要对孩子提出过高的期望要求，需要注意给孩子减轻过重的精神压力。不要将孩子人生的最大砝码押在学习成绩的拔尖上，毕竟，培养孩子有健康的心理、美好的品格和良好的动手能力，远比考试成绩更重要。

3. 降低期望值

要想让孩子快乐地成人成才，父母首先要有平和的心态，降低期望值，给孩子减压，根据实际情况和孩子本身制订合适的奋斗目标。父母平时要注意不只看孩子的考试分数，更要帮助孩子发现长处和分析不足，做到扬长避短。对已经出现的问题，要给孩子指出以后努力的方向，以孩子乐于接受的方式教育，促使孩子养成良好的习惯。

对孩子的"捣乱"行为给予宽容

有的父母带着孩子们出去玩的时候，喜欢警告孩子："不许到那个地方去！""不要跑远了。"如果看见孩子正在观察一只毛毛虫，就赶紧斥责："一条毛毛虫有什么好看的，一会儿它爬到你身上怎么办？"在父母的大声斥责下，孩子探索的兴趣也被扼杀了。如果父母问一句："你在看什么呢，发现有什么好玩的吗？"也许孩子能够说出自己的想法，长此以往，孩子就会养成一种习惯——看到新鲜有趣的事物，他就会留心观察，有什么质疑的，他也自己去找答案，这样有利于培养孩子的探索能力。

这天，小豆子回家第一件事情就是问爸爸："爸爸，圆周率是什么？"爸爸没有直接回答他的问题，而是向小豆子提问："你觉得圆的周长和直径之间有什么关系呢？""我不知道，可是测试出来不就知道了吗？"小豆子想出了一个方法，不用爸爸提醒，他就自己找来了一个杯子、一把直尺和一条绳子。找来了这些工具，小豆子开始用手边的绳子和尺子量杯子的周长和半径。这时妈妈回来了，看到小豆子拿着绳子，又拿着杯子，大声呵斥："你在干什么？又想把杯子摔碎？家里的杯子已经越来越少了，这孩子真是不听话……"妈妈一边说着，一边拿走了小豆子的杯子。

父母要鼓励孩子多探索，激发孩子探索的兴趣。许多孩子都有探索的能力，但常常被父母扼杀了，或者父母没有给孩子提供探索的机会。因而，建议父母无论是在家里，还是带着孩子出去玩，都要不失时机地鼓励孩子去探索，你可以问问他："有什么新的发现吗？"这样，孩子就会动脑筋去思考，动手去开始自己的探索之旅了。

小贴士

1. 不要告诉孩子答案

比如，父母买回了菠萝、螃蟹、玻璃等新鲜东西，只需要告诉孩子事物的名称就可以了，其余的可以让孩子自己去探索，在探索过程中，孩子会发觉菠萝外面的刺具有伤害性，螃蟹是能咬人，玻璃容易打碎需要小心。

2. 让孩子体会探索带来的成就感

父母在给孩子买回积木后，应让孩子按照自己的想象堆出奇形怪状的东西，把自主权交给孩子，随便孩子怎么玩。每当孩子让你欣赏自己的杰作，你就给予称赞，"哇，又有新玩法了，真不错"，并且鼓励孩子积极探索，"还有更好玩的玩法吗"，孩子又会在父母的鼓励之下开始新的尝试。你会发现，在这个过程中，孩子的头脑越来越灵活了。

3. 不要有太多的"不准"

有的父母带着孩子出去玩，出门之前就开始了"不准"命令：不要把衣服弄脏了，否则看上去像个坏小孩；不要爬树；不要到处乱跑。当你不断地命令孩子时，实际上也扼杀了孩子的探索兴趣。面对外界的新鲜事物，父母应多鼓励孩子去探索，把自主权交给孩子，让孩子能够放开自己，勇于探索。

4. 做一个旁观者

当孩子在专心地做一件事情的时候，父母不要干扰孩子，有可能你的喋喋不休会让他断了思路。尽量不要催促他，也不要在旁边不断地提醒他不可以这样、不可以那样，否则会干扰孩子的行为，而且会让孩子感觉到不受尊重。如果孩子在探索过程中遇到了困难，父母不要急于帮助他，你可以先给孩子多一些建议，慢慢引导他战胜困难，获得成功。

若父母主动告诉孩子答案，孩子很快就能学到知识，但他是被动接受的。其实，父母不应该把答案直接告诉孩子，而应鼓励孩子自己去探索，虽然，自己探索的过程比较慢，但是孩子可以学到认识事物的方法，体会到主动探索的乐趣。时间长了，孩子就养成了主动学习的好习惯。

孩子犯错是正常现象

孩子天生就是积极的、喜欢尝试的。从他张开眼睛开始，就尝试着到处看；当他能控制自己的动作时，就喜欢到处爬。自然，由于许多事情都是第一次，他难免会出错。假如父母对于孩子的每一次尝试都报以严厉呵斥"不准"或大惊小怪地惊呼"危险"，他就好像被电击一样，时间长了，他对自己所说的事情就会变得很不自信，因为他不知道自己做完之后父母是否又该大声说"不"。最后，他会如父母所愿变成一个乖孩子，然而，"自卑"的种子也会深深地根植于他的心中。

每一个孩子天生就是纯真而美好的，他带着自己独特的命运来到这个世界。作为父母，我们最重要的任务是识别、尊重并培养孩子自然而独特的成长过程，有责任明智地支持孩子，帮助他们发展自己的天赋和优点。父母需要意识到，没有哪个孩子是完美的，所有的孩子都会犯错误，这是不可避免的。

赵妈妈每天挂在嘴边的就是"你不可以做这样"，她抱怨儿子每天小错不断，大错隔三差五，每天在家里搞破坏，如早上起来孩子把卷筒纸缠在身上做飘带，上学路上把奥特曼拆得七零八落，幼儿园老师反映他把洗手池的水龙头堵了，想看看水还能从哪里冒出来……

他就这样一次次犯错误：卧室的灯泡一个月内闪坏两次，却推卸责任说妈妈买的灯泡"不结实"；后院里的花朵一天天减少，小家伙摘了种在土里、泡在水里，屡种屡死；饭后积极收拾碗筷，摔坏碗筷，还不打自招地称"我不是故意的"，然后还恍然大悟地说："妈妈，原来瓷盘子真的能摔呀！"对于孩子幼稚且故意犯下的错误，妈妈十分生气，训过几次，不过没什么效果，还变本加厉故意作对，这让妈妈很是头疼。

心理学家告诫父母们：不要努力培养"不会犯错的孩子"。许多父母在教导孩子时，亦步亦趋地紧盯着孩子，要求着孩子不要犯错；只要孩子错一点点，就着急叮咛与矫正，担心孩子做错事。不过，父母考虑过没有，这样真的是对孩子最好的方式吗？小时候不让孩子去尝试，等到长大后又抱怨孩子很被动，没人教他就不会动；小时候不让孩子"失败"，等到长大后却又抱怨孩子怕"挫折"，一点小事就放弃。

对孩子而言，没有比拥有一个"完美"的童年更糟糕的事情了。法国教育家福禄贝尔曾说："推动摇篮的手就是推动地球的手。"孩子犯错并不可怕，可怕的是父母对待孩子犯错的错误方式。父母不当的管教方式，不仅不能让孩子认识到错误的本质、体验到犯错的后果，反而让孩子身心受到更大的伤害，甚至会让孩子走向父母与父母的期待背道而驰的另外一个极端。

孩子衡量自己的唯一途径是父母的反应，父母应传递给孩子的信息是：只要尽最大努力就够了，错误是学习和成长中很正常的一部分。通过犯错误，让孩子学到什么是对的、什么对自己最好。当孩子得到明确的信息、明白犯错误没关系后，那些不良反应就可以避免。所以，父母应允许孩子犯错误，且视错误为学习的过程，让孩子有机会得到充分的发展。

小贴士

1. 鼓励孩子大胆尝试

孩子就像是一个天生的"科学家"，凡事都要亲身去尝试，才会愿意相信这是事实。即便父母跟他说"这个杯子会很烫"，假如杯口没有冒热气，孩子总要摸一下才会愿意相信。尽管这在父母看来是调皮，不过也就是因为这样的"天真"与"执着"，让孩子与父母有着截然不同的想法。允许孩子犯错，实际上就是鼓励孩子不怕失败、敢于尝试。

2. 重视孩子的天性与特长

若父母把所有的精力都用于监督孩子"不会犯错"，却忽略了孩子的天性与特性，那么这样的努力到头来可能是一场空，且会让孩子感到精疲力尽。孩子的成功值得表扬，不过"失败"也不是一件错事，最重要的是孩子喜欢"探索"与"尝试"。父母应重视孩子的天性与特性，鼓励孩子在尝试中成长。

3. 不要把"不可以"挂在嘴边

婴儿是在跌跌撞撞中学会了走路，只有不怕跌倒，才可以走得很好。父母不要总是把"不可以"挂在嘴边，这不是在保护孩子，反而是在限制孩子的发展。相反，父母可以告诉孩子"可以怎么做"，给孩子一些练习的时间，不要期望孩子试过一次就可以好好配合，毕竟孩子需要练习才会熟练。

4. 鼓励孩子认错

假如孩子真的犯错了，那么父母需要耐心教导，鼓励孩子承认错误；让孩子明白，犯错是一件很平常的事情，每个人都会犯错，只要勇于改正，就是好孩子。在这个过程中，父母要有足够的耐心，否则就会让孩子害怕受到惩罚，这样反而会让孩子试图隐瞒自己的错误。在他们看来，与其面对惩罚，还不如隐瞒所做的事情。

5. 别给孩子乱贴"标签"

当孩子犯错的时候，父母要记住，不论自己多么生气、恼火，一定要努力克制住情绪，不要给孩子乱贴标签，如"坏孩子""惹祸精"等。等到父母和孩子都心平气和的时候，再用建议的方式跟孩子沟通他的错误，这样父母会更深刻地了解孩子犯错的心路历程，并借此引导孩子认识世界，引领孩子健康成长。

第09章　善于批评，让孩子不断完善自我

在对孩子的教育中，父母与孩子长期拉锯战的关键点在于"如何让孩子改正错误"。父母看到孩子的大小问题便会要求他马上改正，对此，孩子往往会表示一定认真改，但有时他难免会再犯同样的错误。父母要善于批评，让孩子不断完善自我。

纠正孩子的性格弱点

父母的批评可以有效地帮助孩子纠正性格上的弱点，尤其是对于年纪稍小的孩子，一旦父母发现孩子的性格弱点，就要及时纠正。虽说"江山易改本性难移"，但对于年龄偏小的孩子来说，他们的性格还没有完全成型，越早纠正越有利于他们完善自我。毕竟纠正性格的弱点是一个长期反复的过程，需要父母的耐心和狠心。

有些孩子性格懦弱，胆小怕事。对此，心理学家认为，孩子的胆怯心理是多方面造成的。首先是孩子的生活圈子太小，有的孩子平时只生活在自己的小家庭里，尤其是由爷爷奶奶照看的孩子，很少出去玩，很少接触外人，他们的依赖性较强，无法独立地适应环境。其次就是父母喜欢吓唬孩子，有的孩子在家庭不听话，当他哭闹或不好好吃饭时，父母就用孩子害怕的语言吓唬他，如"再哭就把你扔在外面让老虎吃了你""泥土里有虫子咬你的手"。如此恐吓孩子，会让孩子失去安全感，而形成胆小怯懦的性格。此外，父母在日常生活

中对孩子有过多的限制，如去公园玩耍，不让孩子去爬山，不让孩子去湖边玩，造成孩子不敢从尝试与实践中获得知识、取得经验，以致形成胆怯的性格。

孩子的一些性格弱点需要父母加以引导，该批评时需要适当批评，这样才有助于孩子克制自身弱点，从而不断完善自我，为未来的生活事业奠定坚实基础。

有些自负的孩子往往看不到自己身上的缺点，却抓住别人的缺点不放。他们无限放大自己的优点，以至于忽略了自身的缺点。可以说，自负是以超越真实自我为基础的一种自傲态度，是一种不良个性的具体表现。自负的孩子常常过于相信自己，因而产生任性的行为。当然，这些孩子往往难以和同学们友好地相处，因为他们不能做到平等待人，总是以高人一等的态度对待人，甚至喜欢指挥别人。他们大多情绪不稳定，当人们不理睬他们时，就会感到沮丧；当他们遭遇失败和挫折时，又会从骄傲走向悲观、自卑和自暴自弃，否定自己，觉得自己什么都不如别人。

孩子各种各样的性格构成了异彩纷呈的性格世界，虽说世界上没有任何事物是绝对完美的，人的性格也是如此，每个人的性格之中都存在或多或少的缺陷，但是，如果孩子可以在成长的过程中克制弱点，避开它们，这些缺陷就能得以慢慢完善。年纪尚幼的孩子，需要父母引导其了解性格缺陷，并帮助他们加以纠正，这样才有助于孩子的身心健康。假如父母明明知道孩子的性格缺陷却放任，那么孩子未来在生活学习中就会因性格而遭受一些挫折。

小贴士

1. 改变对孩子的评价方式

父母要慢慢改变对孩子的评价方式，对孩子的评价应实际客观。孩子身上总会有不足的地方，父母不要因为溺爱孩子就不切实际地吹捧孩子，尤其是不要在客人面前没完没了地表扬孩子，否则很容易让孩子形成自负心理。

2. 少表扬，适当批评

当孩子成功地完成一件事后，要让他知道这是理所当然的，尽可能不在众人面前夸奖他。当别人夸奖自己的孩子时，父母应转移话题。父母对孩子的表扬应适当，对孩子的批评也要恰如其分，既不能以偏概全，也不能掩耳盗铃、视而不见，而应客观地指出孩子的不足之处，这样才可以帮助孩子正确地认识自己。

3. 避免特殊待遇

父母要尽量少给孩子特殊待遇，减少他表现的机会。在家庭中，父母要把孩子当作普通的一员，不要让他成为中心人物。家里来了客人，除了正常的礼节之外，不要让孩子过多地表现自己，更不要在客人面前大肆夸赞自己的孩子。

4. 改变自己的教育观念

孩子身上的缺点大部分是由于父母的教育方式不当所引起的，不管是孩子的自理能力差，还是孩子的意志软弱、自负心理严重，大部分都是父母过分溺爱孩子、保护孩子所导致的。因此，心理学家建议父母一定要理智地爱孩子、科学地教育孩子。

5. 让孩子多接触社会

父母要给孩子多一些接触社会的机会，当他们看到外面纷繁复杂的世界，接触到比自己更优秀、更具专长的人，明白"一山还有一山高"的道理后，就不会因为自己的一点小成绩而自负了。所以，父母可以多带孩子出去走走，看看外面精彩的世界，开阔视野。

6. 对孩子进行挫折训练

父母可以有意识地对孩子进行挫折训练，让其尝试失败的经验。父母可以交给他一些较难的事情去做，当他没能完成任务时，要帮助他分析原因，使他看到自己的不足。父母还可以和孩子一起玩竞赛性游戏，如智力竞赛等。在这些活动中，要让孩子有输有赢，输的次数要多于赢的次数。当孩子失败时，需要教他学会调节自己不愉快的情绪，能接受失败的考验。

7. 鼓励孩子多参加活动

父母应有意识地为孩子创造外出活动和与他人交往的机会，尤其是由爷爷奶奶或外公外婆代养的孩子，更需要从家庭的小圈里解放出来，经常到公园和其他公共场所，接触、认识、熟悉更广阔的世界。父母可以带孩子去走访亲友，或去外地旅行，开阔他们的视野，并让孩子和小伙伴们在一起游戏，和大家一起参加活动、一起结伴买东西等，从而锻炼孩子的胆量。

8. 帮助孩子提高胆量

孩子胆怯大部分是后天形成的结果，父母要端正思想，按照孩子的年龄和实际情况，给予积极的引导，帮助孩子丢掉"怕"字，同时告诉孩子，胆小鬼是什么事情都做不好的，让孩子鄙视胆小怕事的行为。对于孩子存在的胆怯心理，可以进行锻炼和诱导，如孩子怕生人，当有客人来临时，应让孩子与客人接触，并鼓励他在客人面前讲话。这样一回生二回熟，就能慢慢改变孩子的胆怯心理。

9. 交给孩子一些任务

父母可以有目的地交给孩子一些易于完成的任务，限时间完成。比如，假期可以让孩子独立坐公交车去朋友家或跟旅行团旅游，在这个过程中让孩子去锻炼、去克服困难；同时父母要给予鼓励、指导和帮助。当孩子完成任务时，父母应进行表扬，帮助孩子树立信心。

孩子的错误行为要及时得到纠正

有些父母觉得"我家孩子最棒",如果不停地表扬孩子,他肯定会变得越来越好。然而,并不是所有的孩子都是夸出来的,好孩子都是教育出来的。而教育既包括表扬又包括批评,父母若发现孩子身上出现了错误行为,绝不能任其发展、睁一只眼闭一只眼,必须要给予相应的教育,尤其是严肃的批评教育,甚至给予适当的惩罚,这是很有必要的。

对于孩子的错误行为给予适当的批评,这对于培养孩子良好的学习态度起着非常重要的作用。毕竟,良药苦口利于病,忠言逆耳利于行。适当的批评可以使孩子清楚地认识到哪些是绝对不能做的,以便及时调整自己的行动。

如果父母总是采取毫无原则地表扬、一点儿也不批评的教育方式,就会让孩子逐渐养成只听得惯表扬、无法接受批评的坏习惯,孩子未来的健康成长也会在某种程度上受到影响。尽管如今的教育理念要求对孩子以赏识教育为主,然而,批评也是很有必要的。如果片面地夸孩子,不管孩子做了什么,都不问是非、毫无原则地滥用表扬,张口就是"你真棒""你真优秀",那即便是批评,也只会是轻微地说几句,而根本无法触及孩子的"痛处"。

有一次,妈妈带着楠楠一起去朋友家里,正好朋友家的孩子跟楠楠年纪相仿。大人们愉快地聊天,两个小朋友一起玩得很开心。但是,没过过久,妈妈就听到了楠楠的哭声,两个大人走过去看个究竟,原来楠楠喜欢上了别人的飞机模具,非要抢过来玩,抢不过就哭了起来。朋友上前去对着自己孩子批评了几句,拿过玩具递给楠楠,楠楠不哭了,而朋友的孩子却哭了起来。最后,直到妈妈承诺给楠楠买一模一样的玩具,他才罢手。

其实,平时妈妈也发现了楠楠喜欢抢东西这一特点。有时候他去小区里玩，虽然自己手里也拿着刚买的玩具枪，但看到别人手上有更新款的玩具，楠楠便会直接冲过去抢。妈妈觉得，在楠楠看来好像东西都是别人的好。

当孩子的自我意识开始萌芽时，他们就会表现得以自我为中心。他们认为自己的东西是自己的，别人的东西也是自己的，所以看到喜欢的就会拿走，看到感兴趣的东西会霸占为己有。孩子因自我意识而抢东西，这是没有任何恶意的，是一种很正常的行为。但是，父母也不能什么事情都不做，一方面需要了解孩子的这一成长规律，另一方面也需要适当批评孩子，给孩子讲清楚道理。当孩子第一次抢别人的东西时，父母就应该及时教育，这样可以快速有效地将孩子不良的行为纠正过来，同时可以防止孩子在多次重复这种行为之后避免坏习惯的固化。

教育必须是表扬和批评两种方法相互配合的过程，在主要方法上应该多赏识、表扬、鼓励孩子，但是好孩子并不完全是夸出来的，适当的批评会有效改正孩子的错误行为。那些毫无原则的表扬不利于孩子成长，很容易导致孩子不辨是非、心理承受能力低。

生活中，习惯表扬孩子会让他们觉得自己所有的言行举止都是正确的、值得肯定的，如此一来，他们很容易形成自负的心理，看不见自己身上需要改进的地方。长时间如此，根本不利于孩子正确认识和评价自己，也不利于孩子树立正确的是非观、荣誉观。搜索一下最近几年的新闻，我们会发现，现在的孩子心理承受能力很差，完全听不得任何批评意见，一听见父母的批评就大发脾气，甚至跳楼自杀。这些都是因为父母在平时对孩子总是有求必应，没有让孩子养成听得惯批评的习惯，最终一句批评就击碎了孩子脆弱的心。

适当的批评，可以让孩子知道自己的不足之处，正视自己的错误，学会自省反思。对于身上的错误行为，只有不断反思，才会让孩子完善自我，而批评的作用就是促使孩子反思。

科学的教育方法是"表扬为主，批评为辅"，一个孩子若不受一点儿批评，不遭遇一点儿挫折，没有受过一点儿委屈，那么他是难以成才的。批评的目的就是启发孩子，让他们明白如何做才能不再犯相同的错误。同时，父母在批评孩子时也可以告诉孩子应该如何做，并提供改正错误的具体方法。当然，最佳的方法还是让孩子自己去思考、去作决定，父母只是侧重于批评启发。

小贴士

1. 理解孩子的错误

孩子自身所接触的知识范围狭窄，有时候他们并不知道自己的行为是错误的，但他们会以为这是正确的，这可能他们是模仿同伴做出的行为，或是在某个场合观察学习的行为。当父母看见孩子错误的行为时，可以让孩子暂时冷静，然后再跟他说发生过的事情，并指出错误，让孩子明白自己错在哪里，该怎么改正错误。

2. 引导孩子改正错误

父母批评孩子的目的在于让孩子知道在下次遇到同样的问题时该怎么样解决，而不只是让孩子知道不应该做什么。在批评过程中，父母可以向孩子提出合理的行为要求，并不断正面强化这些正确的行为。值得注意的是，父母在这时千万不要用强迫或威胁的方法，否则只会导致反作用。

3. 让孩子为错误负责

很多孩子在做错事情之后，会为自己找理由，"我没有做错什么""我看到他们都在做，所以才做的"，不断地为自己错误行为辩解，以推卸自己错误行为的责任。父母在批评时，要让孩子为自己的错误负责，让孩子看到所造成的后果，明白自己应该负的责任，让孩子做一些事情来弥补一些损失。

4.告诉孩子哪些应该做

许多父母在批评孩子时总会说"你不准做这个、不准做那个",然而孩子都是叛逆的,父母越是不让做的事情,他们往往越是想做。所以,不妨告诉孩子哪些事情是可以做的,或者说怎么做才是对的。

5.批评孩子的错误行为而非孩子本身

需要记住的是,父母批评孩子时应针对错误行为,而非孩子本身。不能因为孩子做错了事情就否定孩子这个人——"你很坏""你总是给别人带来麻烦",而仅仅需要指出孩子的错误行为即可。

6.启发孩子自己想办法解决失误

当父母批评完孩子之后,不妨告诉孩子,"既然事情已经这样,你觉得自己可以做点什么呢,尽可能减轻事情的损失,挽回一些"。不要着急把方法告诉给孩子,可以启发孩子自己想办法解决问题。

让孩子懂得为自己的过失埋单

有些孩子似乎总不愿意承认自己的失误并为之埋单,在他们眼里,总认为自己是对的,别人是错的。假如自己做错了,他们还会把责任推卸到其他人身上。然而,不懂得负责、不懂得责任重要性的孩子永远也长不大。而那些能够做出一番成就的人,都是懂得为自己的过失埋单并且敢于承担责任的人。

所以,父母应该努力把孩子培养成一个负责任的人。当孩子能够主动、自觉地尽职尽责时,他就可以获得满意的情感体验;相反,当孩子没有责任心、不能尽责的时候,他就会产生负疚和不安的情绪。

心理学家认为,责任心是健全人格的基础,是未来能力发展的催化剂,更是孩子们成长所必需的一种营养，它能够帮助孩子成长和独立。懂得自己的责任，学会负责，孩子才有了前进的动力；只有认识到自己的责任，孩子才知道自己应该做什么以及怎么去做。

小贴士

1. 让孩子学会对自己负责

一个人只有懂得尊重自己的感情，尊重自己的理想，珍惜自己的年华和生命的活力，才能从自己的理想出发来安排现实生活。责任心的养成是一个人成熟的标志，父母应该让孩子明白，无论孩子做什么事情，都是为他们自己，如果他们什么也没有做好，没有得到大家对自己的认可，那么，他们就是对自己不负责任，最终，影响的还是他们自己。

比如，孩子的大部分责任是学习，假如学习不够认真，那就是对自己不负责任。此外，父母需要告诉孩子，对自己负责还包括对自己的事情负责，凡是能够自己做的事情都自己去做，包括穿衣、洗脸等，孩子只有从小养成对自己事情负责的良好习惯，才有可能慢慢学会对父母、朋友、老师等有关的人和事负责。

2. 引导孩子学会善待他人

关心他人，善待他人，这是培养孩子对家庭和社会的责任心的基础。在日常生活中，引导孩子关心老人、病人和比自己小的孩子；当爷爷奶奶生病的时候，引导孩子学会照顾他们；引导孩子记住朋友的生日，并在生日那天给朋友送上一份生日礼物。

3. 让孩子学会反省

心理学家认为，孩子需要适时反省。孩子们在分析问题的时候，如果只会考虑到别人的过错，总是为自己找借口，那么有可能会导致他们缺乏责任心。

遇到了困难不能解决，就把责任推到父母头上去；学习成绩不好，就把责任推到老师头上去。这些都是不良的行为习惯，父母需要告诉孩子：任何一件事情，我们首先应该反省的是自己，分析自己的过失、对错，明白自己在这件事中应该负什么样的责任。

批评也是一种逆商教育

批评也是一种逆商教育，每个人的人生道路都不可能是一帆风顺的，都会有环境恶劣、遭遇坎坷、工作辛苦、事业失意的时候，这时候千万不要放弃，因为人生没有失败，只有放弃。犹太人认为，从我们每个人出生的那一天起，就注定了背负经历各种困难折磨的命运，既然是前生注定，今生的苦乐就是难以避免的。假如做生意顺利一点，那可以赚取很多的钱；一旦运气不好，日子就有可能过得艰苦一些。若是你不够坚强，那当逆境来临的时候，你就会匆匆结束这次旅行；假如我们足够坚强，那逆境又算得了什么呢？

逆境是一种人生挑战，在压力的促使下，人们能够充分发挥自己的能力，从而发现自己的潜能，肯定自身的价值。一些人好像就是为逆境而生的，顺境的时候，他们好像提不起精神来，而一旦遇上逆境、有了压力，则会精神百倍，像变了一个人似的，与逆境抗争着。

前两天的一个晚上，女儿和幼儿园的小姐妹，同时也是我朋友的女儿，一起在家里玩。她们两个一起画画，我看到那小朋友的画不错，就表扬了一句："小姑娘画的房子真漂亮。"女儿听到后，不高兴地走到另外一个房间，我没理她。这时那个小朋友说要玩具，我就把女儿平时玩的积木给她，后来女儿过来看到了更加不高兴，又走了，直到客人走了，女儿也没从房间里出来。

后来，女儿莫名其妙就哭了，哭得很伤心，我问她为什么，她说："你说她画得好，我也画得很好啊，但你为什么不表扬我呢？我要做一个不听话的坏孩子。"我愣了，女儿又很委屈地说："你拿玩具给她玩，又不给我拿。"我解释说："因为她是客人，所以妈妈要拿好吃的给她吃、拿玩具给她玩。"女儿委屈地说："可我是你女儿，为什么你不拿给我呢？"

人们的生活水平提高了，社会中独生子女所占的比例也越来越大，但对孩子的教育问题则成了父母最头疼的问题，在家庭教育的过程中，出现了一个十分突出的矛盾，那就是孩子的生活和受教育条件越来越好，但孩子们的身心承受能力越来越差。在我们身边，常常有孩子因为受批评而选择离家出走或者自杀，其中的关键原因就是孩子生活太顺利了，缺乏相应的挫折教育。

挫折教育就是指家长有意识地创设一些困境，教孩子独立去对待、去克服，让孩子在困难环境中经受磨炼，摆脱困境，培养出一种迎着困难上的坚强意志及吃苦耐劳的精神。

挫折是当孩子遇到无法克服的困难、不能达到目的时所产生的情绪状态，人的一生可以说是与挫折相伴的。困难和挫折，对于成长中的孩子而言，是一所最好的大学，若父母给孩子过分的溺爱和保护，让孩子缺少参与、实践的机会，缺乏苦难的磨炼和人生的砥砺，那么，孩子的心理承受能力就会很差，遇到一点点挫折就灰心丧气、自暴自弃，乃至失去信心。

正确的批评，让孩子更具自控力

孩子在成长过程中，本身是极其缺乏自控力的，稍有不注意他们就做出一些比较出格的行为，如抢东西、生气时打人，这时合适的批评是必须的。

现在，大多数孩子都是独生子女，被父母视为"掌上明珠""小皇帝"，父母的过分宠爱对孩子的身心发展会形成一种消极影响。尤其是助长了孩子的不良习惯，使孩子自我控制的意识薄弱，许多孩子都存在着懒惰、打人等不良习惯，为此必须引起每一位父母的重视。

瑞瑞5岁了，上幼儿园中班，妈妈发现她最近脾气很大，只要不高兴或者自己的要求没有被满足，就动手打人。老师常常跟妈妈反映，瑞瑞在幼儿园行为比较随意，大家一起正上着活动课呢，她竟然任性地去推一下前面的小朋友。到了下课，便会跟小朋友抢玩具，只要是她喜欢的玩具，就一定要抢过来。如果对方力气比较大，她趁对方不注意就打人或咬人。放学回家后，妈妈若问起来："你为什么要打别的小朋友呢？"她总会满脸不在乎地回答说："我就是要打他。"妈妈听了哭笑不得。平时孩子跟大人一起时也喜欢动手打人，妈妈当场批评了她，她也听得懂，也承认错误。不过，过不了多久就会忘记了。看见孩子喜欢打人，妈妈感到十分苦恼。

孩子喜欢打人，实际上是用这种攻击性行为来表达自己的愿望或感情，有些父母认为孩子小、不懂事，长大了自然会改正。其实这样的看法是有偏差的。父母需要正确对待孩子的攻击性行为，正确批评并引导，才能让孩子渐渐改掉这个坏习惯。

小贴士

1. 引导孩子养成良好的行为方式

父母可以以身作则，与长辈、邻居、朋友保持友好的关系，告诉孩子人生来就是群体动物，而群体需要协作而不是敌意。比如，要想让其他小朋友喜欢自己，就要友好、团结，这样才能赢得小朋友的青睐。

2. 温和而坚定地引导孩子

当孩子不够自控的时候，父母应该有正确的态度，温和而坚定地引导孩子：这是不对的，是不允许的。温和地告诉孩子这些道理，但要明确指出错误，孩子就会知道为什么不对，就会慢慢控制自己。

3. 让孩子变成内心强大的人

比如，孩子喜欢打人，父母应该让孩子知道，除了打人，还有其他的表达方式，或者好好说话，或者用良好的行为，就可以解决了。一旦孩子懂得这些道理，自然就不会再选择攻击行为去交流。在这个过程中，让孩子慢慢成长，一旦发现孩子细微的进步，应及时表扬，让孩子感受到爱，从而强大内心。

第10章　批评孩子，讲究方法和艺术

> 如果孩子有了过错而父母不加以批评，他就只能在错误的道路上越走越远，最后就不是你的批评能根治得了的了。父母作为孩子成长路上的引导人，适当地批评孩子是很有必要的，最好的批评是需要技巧的，不仅是纠正错误，更要让孩子不断地进步。

对孩子采取"三明治批评法"

父母对孩子的教育，包括批评和表扬两个方面。批评是为了制止、纠正孩子某些不正确的行为。有的父母觉得孩子还小，不应该对他进行批评，结果让不良习惯在孩子身上蔓延。不批评、不能正确批评孩子的父母无法纠正孩子的行为，有些批评之所以对孩子造成不好的影响，不在于批评本身，而在于批评的原则和方法运用不当。因此，父母应当掌握一些最佳批评技巧。

美国著名企业家玛丽·凯在《谈人的管理》中一书写道："不要光批评而不赞美。这是我严格遵守的一个原则。不管你要批评的是什么，都必须找出对方的长处来赞美，批评前和批评后都要这么做，这就是我所谓的'三明治式'批评法——夹在两大赞美中的小批评。"卡耐基曾说："当我们听到别人对我们的某些长处表示赞赏之后，再听到他的批评，心里往往会好受得多。"这些经验给予父母很大的启发。当父母想要批评孩子的时候，应该事先对他的长处、优点赞扬一番，然后客观地提出批评，批评之后，父母可以再使用一些表扬的词语，或者说一些鼓励的话，这样就可以让批评在和谐友好的气氛中结束。这种前后表扬、中间批评的方式，就好像三明治，所以大家称这样的批评为"三明治式"批评。

妈妈下班回来，看见孩子正在写日记，然而作业一个字也没做。尽管很生气，但妈妈还是和颜悦色地对孩子说："在写今天的日记吗？看来宝贝每天都有好好坚持哦，真值得表扬。"孩子点点头，说："今天我看了一部很有意义的电影，打算写一下观后感。"听了孩子的话，妈妈恍然大悟，原来看了电影啊，难怪作业没做："那就好，趁着感觉还在就应该通过文字记录下来，宝贝，今天作业写了吗？"孩子抬头看着妈妈说："没有呢，我打算写完日记就写作业，在晚饭之前肯定能写完，你就相信我吧。"妈妈点点头，说："嗯，妈妈相信你，以后记得先写作业，好吗？毕竟日记是业余的爱好，你可以写完作业再写的。"孩子点点头，妈妈又说："不过，你这样坚持写日记的习惯真好，妈妈应该向你学习呢！"听到妈妈的表扬，孩子笑了。

智慧的父母，总是在批评孩子之前就先肯定他的成绩，然后再真诚地向孩子提出一些需要改正的地方，当孩子从心理上接受了意见后，父母再不失时机地引出自己的表扬之词，更易于让孩子心服口服。有的父母在对孩子进行批评时会不客气地说："你真的很笨，我对你太失望。"当孩子听到这样的话之后，会感觉自己已经不被父母关注了。其实，父母可以换一种方式，可以说："你做作业一向都是最积极的，从来都是按时完成任务，这次怎么没完成呢？妈妈相信一定是有事情耽搁了吧，我想听听你的意见。"这时再让孩子作出回答，就可以找到问题，从而更加有效地解决问题。当把这个问题谈论完之后，再表扬一下孩子的其他优点，对他写作业认真进行表扬一番，这样就可以让孩子真正了解自己的意图和想法，按照自己的意图和想法来做出行动，而同时亲子之间也能保持和谐的氛围，批评也达到了目的。

从心理学角度来说，当孩子在听到批评的时候，肯定不会像听到赞美那样舒服。孩子在本能上对一些来自他人的批评有一种抵触心理，而且他们习惯对自己的行为或错误进行辩解，尤其是当孩子在某件事情作出很大努力的时候，若仅仅因为一点错误就受到批评，他的心里会更加敏感、更加委屈。孩子在进行自我认知的时候，确信自己是可能犯错的，但他们在行为上会试图为自己的错误进行辩解，那是因为他们认知不协调。

小贴士

1. 批评在表扬的包裹下让孩子更容易接受

"三明治式"的批评方式是很符合孩子的心理适应能力的。孩子渴望来自父母的表扬，并且，表扬应该在他心里会留下比较深刻的印象，而两头的表扬可以起到这样的作用，如此一来，中间的批评就显得微不足道了。若父母在表扬孩子之后再进行批评，孩子就会觉得批评在表扬的包裹下显得不那么刺耳，心里就更容易接受这样的批评。

2. 以事实为根据展开批评

父母在批评孩子时要以事实为根据，这是批评的前提。如果父母事先不了解真相，或者说真相与自己了解的情况有出入，就开始对孩子进行批评，就会使孩子难以接受。尤其是因为某种原因冤枉了孩子，那孩子就更难以接受批评了。所以，当父母在批评孩子的时候，一定要搞清楚状况，准确掌握事实，查明原因，从实际情况出发，这样的批评才显得有理有据，不会夸张，又不会失察，孩子自然心服口服了。

3. 父母不要作主观判断

父母在批评孩子时切忌主观行事，当孩子做错一些事情的时候，不能因为自己想当然地认为事情是怎么样，就开始批评孩子，或者挑剔孩子的错误，否则就会造成一系列恶性循环——父母越来越挑剔孩子,而孩子表现越来越差。父母应该在认真听孩子解释后再作判断,以便选择合适的处理方式。

4. 批评孩子应对事不对人

父母在对孩子批评时预先要想清楚说什么话,所遵循的原则就是"对事不对人",孩子哪件事有错就指出哪一件事,哪一个环节有问题就说哪一个环节,千万不能以偏概全,抹杀孩子的优点。父母批评孩子时切记,别对孩子作人身攻击,如"你是不是猪啊,做了那样的事情"等,否则会使亲子关系十分尖锐对立,非但无法达到批评的目的,还会产生新的矛盾。

批评孩子时注意场合和时机

父母对孩子要做到有效地批评,就需要注意批评的场合和时机。假如父母不顾时机、场合就展开对孩子的批评,那么只会适得其反、事倍功半。

明智的父母往往会根据不同的场合来调整批评的方式,有的比较鲁莽的父母则不分场合就对孩子进行一顿粗暴的批评。一般来说,父母要尽量不在比较公开的场合批评孩子,在公共场合批评孩子的行为,绝对是不妥当的。孩子也有自尊心,而这样的批评方式无异于践踏孩子的自尊心,不仅打击了孩子,也显示出父母的行为不当。

妈妈带着孩子去逛超市,当妈妈正在挑选东西的时候,听到玩具区传来器具倒地的声音。妈妈走过去,看见一个玩具被摔在了地上,而孩子正手足无措地站在旁边。妈妈细心地问:"怎么了?"孩子有些委屈:"我准备拿下来看看,手松了就掉下来了。"这时营业员过来了,妈妈说:"实在不好意思,孩子想拿下来看,结果摔坏了,您放心,我们会购买的。"说完,妈妈拿着摔坏的玩具领着孩子走向收银台。

回到家，妈妈对孩子说："妈妈知道你不是故意的，不过下次你拿不到玩具时可以让妈妈帮你拿，还有，你知道今天还有什么事情没做吗？"孩子茫然地摇摇头，妈妈耐心地说："你没有跟营业员阿姨说对不起哦，虽然你不是故意的，但摔坏了玩具就是不对呢，需要跟阿姨说对不起，今天妈妈已经替你说了，下次我希望能由你自己说，好不好？"孩子点点头。

如果妈妈在超市当众批评孩子一顿，那么不仅是当众给孩子难堪，而且起不到任何的教育作用。正确的做法就是像案例中的妈妈一样，回到家私底下跟孩子说清楚事情的结果，引导孩子懂得为自己的过错负责，这样不仅可以更好地解决问题，还能够让孩子养成知错就改的习惯。

当父母发现孩子有错误的时候，一定要注意批评的时机。如果父母正面当众批评孩子，那么对孩子来说是一件十分尴尬的事情。所以，父母在批评孩子的时候，要选择恰当的时机。

当父母对孩子进行批评的时候，可以事先给孩子一点暗示，同时简单地跟他说一下，让他有个心理准备，而父母在进行正式批评之前也应思考一下对这件事的处理方法。父母在批评之前要提醒自己注意分寸，保持冷静。当然，父母自身要保持一种自然轻松的态度，尽可能使用一些客观亲切的语言，这样可以让孩子从心理上接受，也可以让他不至于那么难堪。

小贴士

1. 理性批评

孩子毕竟是孩子，偶尔会说错话、做错事，父母不需要重复指出孩子身上的毛病，批评的关键是准确到位，指出孩子的缺点时要简洁明了，言语不在多而在准，这样容易让孩子心服口服，否则根本达不到批评的效果。

2. 批评的话尽量附耳细说

父母批评孩子时应尽可能附耳细说，避免当众让孩子下不来台。对于那些非常有个性的孩子，直奔主题的批评往往会导致他们的反感。父母多考虑孩子的感受，心平气和地跟孩子说，他自然会理解父母的意图，默认批评。

3. 尽量将批评放在家里

批评孩子时应尽可能选择在家里，选一个合适的时间坐在一起，开诚布公地交流。父母可以借此机会提出对孩子的要求，也鼓励孩子提出对父母的意见。在交流之后，如果孩子意识到自己的错误，父母可以督促孩子制订纠正错误的计划表。

4. 批评应选好时机

父母在针对孩子的过错进行批评的时候，应注意及时性，即发现错误就要立即采取行动。随时发现，随时批评，千万不要拖延时间。如果父母过了很久才找孩子谈话，他心里就会充满困惑："我一直都是这样做事的，怎么现在才来跟我讲呢？"如果父母正在孩子心里充满愤怒情绪时对他进行批评，那么也是非常不恰当的，这样只会让孩子的抵触情绪越来越多，甚至会当面与父母产生尖锐的冲突。所以，父母要找准时间，不早不晚，在恰当的时机提出恰当的批评。

父母不要当审判者

孩子做了错事，父母理应对他加以指责、批评，但是孩子也有自尊心，批评应该在平等的基础上进行，父母不要以审判者自居，任意地批评孩子。

父母在批评孩子时不要以审判者自居，因为孩子有他自己的人格，不能因为自己是父母就任意践踏孩子的自尊。否则，非但不能解决问题，还会使孩子对你产生恨意，导致以后的交流更不容易展开。所以，批评应该就事论事，不要揭孩子伤疤，尤其是注意要以朋友的口吻进行询问，不要居高临下、拿出父母的架子；另外，在批评完之后，一定不要忘了补上一句安慰或鼓励的话语，这样才会使孩子心服口服，乐意接受你的批评和帮助。

放学回来后，爸爸让女儿文文赶快去写作业，文文磨蹭着脚步，嘀咕着说："爸爸，我先把这本课外书看完，行不行？"正在为工作而闹心的爸爸有点不耐烦地说："爸爸叫你去写作业，你就去写，不要在那里啰啰唆唆，也不要在那里讨价还价，明白吗？没有看到爸爸正忙着呢！""我也有说话的权利。"文文小声地说完，就赶紧溜回了自己的房间。

正准备发火的爸爸听到了女儿的那句话，有些不可理解："你一个孩子，什么说话的权利？爸爸说这些话都是为了你好，你年纪还小，又没判断力，得听爸爸妈妈的。"

许多父母在孩子面前都是高高在上的姿态，言行举止中透露出作为父母的威严与不容侵犯的权威。于是，孩子在和父母说话时往往战战兢兢，长大后，他也学会了不讲道理，学会了"镇压"的方式。从他的嘴里，也经常蹦出"闭嘴，我不想再听了""你跟我说再多还是没有用，我已经决定了"等这样一些字眼。

小贴士

1. 批评要就事论事

父母批评孩子是在双方平等的基础上进行的，有时态度上的严厉并不等于语言的恶毒，许多父母习惯批评时揭露孩子的伤疤，这绝对是批评的大忌。当父母在揭孩子伤疤的时候，可能只是发泄了自己的愤怒情绪，但是这样的做法对教育本身一点儿用也没有。因为揭孩子伤疤的做法对批评毫无帮助，只会让孩子想起一些不愉快的记忆。实际上，最佳的批评是使用恰当的批评语言，父母绝不能以审判者自居，恶语相向，不分轻重。

2. 用朋友的口吻

作为父母，你应该用恰当的批评方法，而不能以审判者自居，你可以与他站在同一立场，用朋友的口吻去询问对方："发生了什么事？""我能为你做些什么？"或者："为什么会这样？怎么回事？"这样的方式，可以帮助你详细了解情况，更为有效地解决问题。当然，你也可以直接告诉他你的要求，但是千万不要说："你这样做根本不对！""这样做绝对不行。"你可以试着说："我希望你能……""我认为你会做得更好。""这样做好像没有真正地发挥你的水平。"用提醒的口吻与孩子交换意见，委婉地表达自己的想法。

相反，如果你以审判者自居，居高临下，盛气凌人，以父母居高临下的口吻对他进行责备，就会引起他的反感，批评也会失去原来的效果。所以说，批评的时候，你的角色定位非常重要，它会使批评产生截然不同的效果，父母千万不要以审判者自居。

3. 不忘补上一句安慰或鼓励的话语

父母要特别注意的是，在你严厉地批评孩子之后，一定不要忘了要补上一句安慰或鼓励的话语。这是因为孩子在受到批评之后一定会垂头丧气，而且会对自己缺乏信心。在这恰当时机，如果你不及时对他进行安慰或鼓励，他很容易自暴自弃、自甘堕落。

所以说，父母在对孩子进行严厉的批评之后，要适时用一两句温馨的话语来鼓励他，或者是在事情过后私下对他说，自己之所以对他严格要求，是因为希望他纠正那些错误的行为。这样的话，受到批评的孩子就会深深体会"爱之深，责之切"的道理，也会在你的安慰或鼓励下更加发愤图强。这样的批评方式，不仅会使孩子牢记自己所犯的错误，也会激发他的积极性和自觉性。

批评孩子，注意避开雷区

父母批评孩子是为了指出其言行中的错误，使孩子及时改正错误。所以，要想批评达到很好的效果，就需要讲究批评的艺术性，避免消极、简单的倾向。批评是一门艺术，批评是为了鞭策和激励孩子更好地完善自我。同时，批评作为一种反向的激励，如果被不恰当地运用，就很容易伤害孩子、刺激孩子，特别是孩子的自尊心和荣誉感，这样不但收不到激励的效果，还会走向激励的反面，使孩子情绪消极、表现被动，甚至作出偏激和抵抗的反应。所以，父母在批评孩子的时候，一定要在恰当的时间、恰当的场合用在恰当的人身上，否则，就会引起不良的后果。因此，父母在批评孩子时一定要注意避开雷区。

小贴士

1. 讽刺孩子

每个人都有自尊心，即使是犯了错误的孩子也是如此。父母在批评的时候，要考虑到他的自尊心，千万不要随意践踏孩子的自尊心。因此，父母在批评孩子的时候，自己一定要保持心平气和、自然轻松的态度，而不能大发雷霆、横眉怒目。很多父母以为这样才能显示自己的威风，实际上，你这样的批评方式，最容易伤害孩子的自尊心，甚至会导致矛盾激化。

因此，父母在批评孩子的时候，要戒言辞尖刻、恶语伤人。当父母自身怒火正盛的时候，最好先别批评孩子，等自己心情平静下来之后再去批评。同时切忌讽刺、挖苦、恶语伤人。虽然孩子有过错，但是他在人格上与你完全平等，所以不能随便贬低孩子甚至污辱孩子。

2. 威胁孩子

父母批评孩子的时候，要在平等的基础上、在愉快的气氛中进行，这样才容易被他所接受。如果父母总是摆出一副居高临下、盛气凌人的姿态，孩子也会产生一种逆反的情绪，他们讨厌自己被你的气势压服。有的父母甚至动不动就说："是我说了算，还是你说了算？"或者是给孩子下最后通牒："你必须按我的说的去做，否则今晚别吃饭了。"这样的话就很容易激起孩子的逆反情绪，他可能也会想，我为什么一定要听你的？或者有的不服气的反过来说："悉听尊便，我才不怕呢！"所以，父母这样的批评方式根本解决不了问题，结果反倒是逼而不从、压而不服，激起孩子的反抗情绪。

3. 到处说孩子的错误

父母在批评孩子的时候，不能随便发威，更不能随处宣扬。有的父母前脚才批评完孩子，后脚就把这件事情告知爷爷奶奶、外公外公、伯父伯母……或者是事隔不久在家庭聚会上说出孩子被批评的事情，搞得人尽皆知，甚至满城风雨。这样会使孩子在其他人面前抬不起头来，增加他的思想压力和反感情绪。

4. 不分场合批评孩子

父母对孩子的批评是必须讲究场合和范围的。有的批评可以在家里进行，而有的批评只适合私下进行个别批评。如果父母在批评的时候不注意批评的场合和范围，随便把只能私下找孩子谈的问题拿到公众场合讲，就会使他当众颜面尽失，乃至激起他心中的愤恨，对问题的解决起不到丝毫的作用。父母在批评孩子的时候，应特别注意——不要随便当着孩子同学的面或者是客人的面批评他。否则，他就会以为你是故意让他在公众场合丢脸，出他的丑、使他难堪，这样一不小心，就会引起孩子的公开对抗，有时候还会因为你不顾场合的批评引起一场激烈的争吵，到时候也会让你下不了台。

5. 对孩子太过于挑剔

当孩子犯了错误时，父母适当地批评是很有必要的，但是不要随便一件事情都要批评。对于那些鸡毛蒜皮的小问题、小毛病，只要是没有造成大的影响的，你就应当采取宽容的态度，千万不要斤斤计较、过于挑剔。如果父母针对一件小事情也大肆地批评，就只会使孩子变得谨小慎微，让他无所适从。他的心里甚至会产生"什么事情也不做"的想法。对于有的事情，父母只要指出孩子的过错就行了，不要"鸡蛋里面挑骨头"，全盘否定他的成绩。

6. 总唠叨孩子的过错

父母的批评并不是靠批评的次数多而取胜，有的批评只能点到为止。当父母批评孩子的时候，孩子的心里已经很不自在了，如果你再婆婆妈妈，重复地批评他，更会加重他的心理负担；并且他会在心里想，你是故意跟他过不去，把他当成反面的典型了。所以，聪明的父母在批评孩子时会点到为止，剩下的可以让对方慢慢反省。你多一次批评，就会让他心里多一分反感，最终不利于问题的解决。

讲究批评的艺术

对于父母来说，针对孩子的过错进行批评，这是很有必要的，批评与赞扬是相辅相成的。但是，批评也要讲艺术，批评本身是一种指责，如果运用不当，孩子就只会记住你的批评而不是自己的错误。父母应该尽量减少批评带来的副作用，尽可能地化解孩子对批评的抵触情绪，从而达到一种较为理想的批评效果。

所以，父母在批评孩子的时候，应该学会用一些技巧，换一种方式，或是私下批评，或是比较委婉地表达自己的想法，这样孩子才会易于接受你的批评。

小贴士

1. 对孩子进行启发式批评

父母批评孩子的目的就在于使他能够认识自己所犯的错误，并且能够及时地改正。但是，要想使孩子从根本、从内心认识到自己的错误，就需要父母从深处挖掘错误存在的原因。"欲晓之以理，必先动之以情"，你要用一些简单的道理慢慢启发他，循循善诱，帮助孩子认识并且改正错误。

2. 对孩子采取幽默式批评

幽默式的批评就是父母在批评的过程中善于使用一些富有哲理的故事，或者是双关语，或者是形象的比喻等。这样幽默式的批评方式，可以更加有效地缓解孩子的紧张情绪，也可以使双方处于一种愉快的氛围中，启发孩子自己思考，从而增进相互间的情感上的交流。这样一种幽默的批评方式，不但能够达到教育孩子的目的，还可以营造出轻松的气氛，使孩子更容易接受。

3. 对孩子采取警告式批评

如果孩子所犯的错误并不是原则性的错误，或者双方并未处于犯错误的现场，父母就没有必要对他进行严厉的批评。你可以用比较温和的话语，只是巧妙地点明问题所在；或者用某些事物进行对比、影射，只要点到为止，对孩子起一个警告的作用就可以了。

4. 对孩子进行委婉式批评

委婉式的批评其实就是间接式的批评，不当面直接地进行批评，而是采取间接的方式对孩子进行批评。父母可以采用借彼比此的方法，声东击西，这样会让孩子有一个思考的余地，从而更容易接受。委婉式批评的特点就是比较含蓄，不会伤害孩子的自尊心。

孩子的自尊心都是很强的，如果父母在公开场合点名批评，就会让孩子感觉没面子，甚至对父母怀恨在心，有的干脆"破罐子破摔"。所以父母在对孩子进行批评时，要采取委婉的批评方式，这样不伤害孩子的自尊心，更容易让他接受。

第11章　把握尺度，别让孩子被批评所伤

孩子需要批评，但父母也要慎重把握批评的分寸和火候。批评孩子的目的就是帮助孩子改正其不正当的行为和身上的缺点，使孩子在纠正错误的过程中成长起来，而一旦父母分寸把握不当，就容易让批评产生相反的作用。

破坏性批评，摧毁孩子稚嫩的心灵

心理学家弗洛伊德认为，一个人的性情在幼年时期已经定型，而且会左右其一生。孩子幼年的想象力、创造力都是惊人的，但随着年龄的增长，孩子的想象力、创造力逐渐减退，这是什么原因呢？

最大的原因是父母的"破坏性批评"，这对于孩子稚嫩的心灵而言，简直是灾难性的。父母破坏性的批评会让孩子心灵受伤，这将直接导致他们不敢面对失败、不敢迎接挑战、害怕被拒绝，性格胆小、怯弱、缺乏自信，遇到挫折就忧虑、找借口逃避等消极行为，这些都将严重阻碍孩子身心的健康成长。或许，父母批评的出发点并没有什么错，但破坏性批评带来的后果是严重的，给孩子造成的伤害也是无法弥补的。

小伟妈妈高中刚毕业就跟社会上一位青年恋爱了。随后便早早地结婚，生孩子。但是，小伟的爸爸是个不安分的男人，不仅每个月挣钱少，而且经常在外面拈花惹草，这让原本就有些后悔早结婚的妈妈更烦躁。她渐渐

地把这些不痛快的情绪都发泄在年幼的孩子身上，她认为是孩子拖累了自己，如果不是因为有了孩子，自己早就摆脱了那个男人、那个家庭。

所以，每每小伟做了什么错事，妈妈就会破口大骂：你怎么这样蠢？我早就知道你是个笨蛋、傻瓜，一点儿用都没有！你只有吃饭厉害，饭桶……你的脸皮真厚，你怎么还有脸活在世上……我造了什么孽，生了你这个不争气的东西，早知这样，还不如养条狗……

从小被妈妈咒骂的小伟，生性胆小、懦弱，在学校常常被同学欺负，小小年纪就有了"不想活"的念头。

破坏性批评的第一种表现就是批评时对人不对事，直接进行人身攻击。比如，父母骂："你这个样子，长大后会有什么出息？""好意思出门吗？一点儿用处都没有……"虽然父母认为自己是一片好心，是教育孩子，为了让孩子更有出息，然而，事实上，你的批评不仅一点儿用处没有，反而刺激了孩子的心理。

破坏性批评本来就是父母消极心态的表现，父母把自己各种不如意的消极情绪发泄在孩子身上，而孩子受到的则是双重消极影响：一方面孩子直接承受了破坏性批评的伤害，另一方面父母在孩子面前作了一个反面示范。

破坏性批评的第二种表现就是增加孩子的内疚感。父母总是说："孩子啊，你要争气啊，要有出息啊，不能总这样笨啊！"这样侧面传递给孩子的信息是，"因为我不好、不争气，所以更要补偿父母。"当孩子感到他需要偿还的"债"越来越多时，他就会产生深深的愧疚感。

破坏性批评的第三种表现比较隐蔽，就是父母有条件的爱，这也会给孩子造成伤害，如"只有你做到了，妈妈才爱你"。在这个过程中，孩子知道父母给的爱并不是无私的，而是附带着条件的。

父母对孩子的破坏性批评将直接摧毁孩子的自尊，增加其心理负担，扭曲其心态，让孩子在这个过程中慢慢缺失自信心，开始自怨自艾、自暴自弃、不敢做任何事情，慢慢自我设限、失去勇气、胆小怯弱。可以看出，父母采取破坏性批评的教育方式会直接伤害孩子，而过多的破坏性批评，会给孩子造成巨大的身心伤害。

一直以来，人们总是倡导以批评为主的教育方式，如"不教不成人，棍棒出好人"，父母对孩子的批评总是多于表扬，这其实就是消极心态占据了上风。在孩子所有的表现中，父母总是在寻找或注意应该批评的那一面，以致形成了教育的误区。

父母的破坏性批评，主要呈现为以下几种方式：

情绪失控的批评。生活中，许多父母一看到孩子做错事情就非常生气、情绪失控，对孩子大声喊叫，说话语调高，语言速度快，对孩子一通批评。但声音大有用吗，话难听有用吗？孩子或许并未真正听进心里去，他甚至会想："每次都是这样，听听他的话，多恶劣……"面对父母的大声怒吼，大多数孩子都明白此刻父母的情绪占据上风，自己说什么都没有用，他们只会在父母一声高过一声的质问中敷衍着，希望早点结束这一场情绪沙尘暴。

威胁的批评。父母对孩子任性的举动忍无可忍的时候，便会威胁："你再这样，我就……"当父母用威胁、吓唬孩子的方式去批评孩子时，大多数是想得到立竿见影的效果，似乎觉得这样做可以很容易控制孩子，让其听从自己。在父母看来，威胁批评可以让孩子长记性，让孩子从内心里感到害怕，从而对这件事加深印象。但事实上，威胁的批评只会伤害孩子的自尊心，增强他对父母的抗拒心理，长时间下去将严重影响亲子关系。

念经式批评。父母经常犯的错误，就是对孩子进行念经式批评。从孩子做错的一件事，牵扯出一连串的事情，然后开始长达1~2小时的批评。其实，在这个时候，若父母反复提及孩子所犯的一些错误，孩子会非常厌烦，反而不去思考自己的错误，更希望这场批评赶紧结束。这时候，简洁的批评更容易被孩子接受，当然也更有效果。

比较式批评。在父母的批评声中，孩子们总会多出一个伙伴——别人家的孩子。比如，父母总会说："你看小明学习多努力，多自觉，再看看你，如果没人管你，你简直要翻天！""你看妮妮多勤快，帮家里干了多少事情，你呢，成绩不好不说，还特别懒惰！"在大多数父母眼里，总是比较容易看到别人家的孩子更努力、优秀、自信，而这种观点会给孩子带来巨大的打击，而且会使其对父母越来越失去信任。

小贴士

父母批评孩子，需要掌握正确的方式，毕竟父母是孩子的启蒙老师，父母的言行对孩子有着很大的影响。

1. 注意批评的场合

在父母眼里，孩子好像永远没长大一样。实际上孩子在进入幼儿园时就已经有自尊心了，父母看似很小的批评，若不注意语气和说话的分寸，就会伤害孩子的自尊。尤其是在人多的场合，父母若是选择当众批评孩子，会让孩子感觉很没面子，自尊心大大受挫。

2. 注意批评的态度

孩子做错了事情，父母批评的态度很重要，批评孩子哪些地方做得不对、哪些地方需要改正时，要尽量保持温和的态度。比如："宝贝，你知道吗，你这样做是不对的，妈妈希望你能改正，相信你能把这件事做好的。"这样的批评态度能让孩子比较容易接受，明白自己错在哪里。

3. 不要伤害孩子的人格

父母在批评孩子时，只可以批评孩子犯错的行为，而不能涉及孩子的人格。比如，孩子在约定的时间迟到了，父母批评时最好是围绕孩子遵守时间的行为，就事论事，不要扯远了，尤其是不要批评孩子的人格，如"你看你又迟到了，像你这样不负责任的人，以后怎么办？"不妨换一种："因为什么迟到了呢？下次可记得调好闹钟，早点起来。"这样更容易让孩子接受。

4. 不要盲目批评

父母批评孩子要有根据，不能没搞清楚状况就胡乱批评。有时候父母可能只看到了部分事实，前因后果尚未了解清楚就开始批评孩子，这是不妥当的，很容易引起孩子的逆反心理。父母一定要了解事情的整个过程，再来定论，千万不能没搞明白情况就责怪孩子，否则，一旦错怪了孩子，就会给他造成心理负担。

5. 告诉孩子自己的感受

父母批评孩子也需要讲究技巧，因为直接的批评会增加孩子的逆反情绪。父母可以一边批评，一边向孩子表达自己的感受，让孩子知道你的情绪状态，如"妈妈并不是在批评你，只是你这么做，妈妈很担心你上当受骗，所以才生气"。当孩子听到这样的话时，他会容易接受批评的。

6. 说出自己的期望

当父母坦诚了自己的情绪状态后，孩子知道了父母的关心，也意识到自己的错误，内心便会感到愧疚，此刻父母便可以向孩子说出自己的期望。比如，"妈妈希望以后你在作每个决定时跟我说一声，我至少可以给你一些建议，然后你再决定做不做"，在这样的状态下，孩子是很容易接受父母批评的。

7. 帮助孩子改正错误

批评之后，还需要孩子学会改正错误，这才能达到批评的目的。当孩子承认错误之后，父母要正面引导孩子，告诉孩子改正错误后有哪些好处，对他有哪些帮助。比如，"当你可以独立自主地作决定以后，妈妈就很放心你未来的人生"，这样会让孩子更深刻地感受到父母的批评是为自己好，让孩子不抗拒，愿意去承认错误、改正错误，然后在批评中成长。

恐吓式批评，让孩子变得胆小

生活中，每每看到孩子不听话的时候，父母就忍不住恐吓孩子，习惯性地说：你再这样，我就不要你了；你再这样，我就把你送人；你再这样，就给我滚出去……但是，这样的恐吓有效果吗？孩子只会在一次又一次的恐吓中丧失自信，变得胆小，乃至失去对父母的信任感。

纵观许多父母的教育方法，就会发现恐吓孩子是一种十分普遍的现象。父母们为了不让孩子去拿某些东西，或者是想让孩子按照自己的想法去做一件事，常常会采用一些夸张的方法来吓唬孩子，动不动就说"你再这样，我就不要你了"。

晓东平时有些调皮，父母觉得难以管教，就经常恐吓他："你再不听话，我就不要你了""你再捣乱，我就把你扔出去""你再这样，爸爸妈妈就走了，把你丢在这里"。

有一次，晓东坐在车上，半个身子都伸出窗了，妈妈训斥也不管用，就动手打了他，结果晓东哇哇大哭，这时妈妈又开始恐吓："别哭，再哭，把你扔下车。"晓东依然哭个不停，爸爸把车停下来，真的把晓东扔下车，又开车走了一小段，直到晓东不再哭了，才掉头回来把他抱到车上。这时受到惊吓的晓东紧张不已，尽管全身还在抽搐，但已经不再发出声音，担心爸妈又把自己丢下。

父母的恐吓给晓东的身心带来了很大的伤害，长时间这样，只会让他的内心越来越脆弱。大多数父母对于恐吓这种教育方式的依赖可谓根深蒂固：父母若不想给孩子买某种零食，就说"这是药，吃了肚子会疼"；如果父母想让吵闹的孩子安静下来，就会说"再闹就让警察把你抓走"；如果父母不想让孩子去触摸某样东西，就会说"不要摸，别人会骂的"。

父母的恐吓对孩子有威慑作用，但这只能起到短暂的作用，而在孩子心中留下的阴影则是永久的，那些受到恐吓的孩子内心会留下深刻的印象，甚至直到长大之后也难以磨灭。大量数据显示，大部分人的心理疾病都是由于幼年时期所遭受的一些恐吓或者特殊的童年经历造成的。父母在对孩子恐吓的时候，根本没考虑过对孩子造成的伤害。

通常，父母会用这四种方式来恐吓孩子：

用警察恐吓孩子。父母们常用的手段之一，就是用威严的警察叔叔来恐吓孩子，这种方式比较现实，毕竟警察叔叔是可以看见的，但造成的负面影响是不容忽略的。假如孩子在幼年时期经常被父母用警察来恐吓，那一定会令孩子心中产生惧怕警察的心理，当孩子后来遇到困难时，可能会不敢向警察求助。

用鬼怪恐吓孩子。估计许多父母都用鬼怪吓唬过孩子，在孩子不听话的时候，父母就会搬出各类鬼怪出来，说"你要是再不听话，一会儿鬼怪就来把你抓走"。对年幼的孩子来说，鬼怪的威慑力是很大的，他们无从辨别真伪，一般都会相信。不过，一旦恐吓起了作用，孩子就会经常去想象鬼怪是什么样子，以至于越想越害怕，变得胆小，最终导致一种奇怪的心理疾病。

扭曲常理来恐吓孩子。有时候父母可能是想要捉弄一下孩子，于是通过扭曲常理来恐吓孩子。不过这会颠覆孩子对待这些事物的正确认知，轻则逗趣，重则引起一些不必要的误会。所以父母不要随便去扭曲常理，以免造成孩子错误的认知。

说孩子是捡来的。这是许多父母喜欢用的方式，通常在孩子调皮的时候，父母会说孩子不是自己亲生的，或者"我不要你了"。尽管这样的话听起来可笑，但对孩子的影响是巨大的，在孩子眼里父母就是全部的安全感，如果父母总说这样的话，很容易给孩子造成心理阴影。

小贴士

父母的恐吓行为给孩子带来的负面影响是巨大的：

1. 让孩子缺乏自信

父母的恐吓会让孩子认为自己一无是处，让孩子变得自暴自弃并产生自卑感。本来可以做好的事情，孩子却故意不去做甚至故意破坏。这样的孩子，长大之后做事胆小怕事，缺乏自信，自卑感越来越强烈。

2. 让孩子感到恐惧

幼年时期的孩子，神经尚未发育完善，打骂恐吓已经超出了孩子的承受能力范围，会使孩子精神非常紧张、恐惧，甚至会引发精神方面的疾病。

3. 让孩子感到自己被抛弃

如果父母经常恐吓孩子，对孩子说"再不听话，我就不要你了"之类的话——尽管父母的初衷只是吓唬孩子，不过孩子会信以为真，乃至长时间处于一种紧张恐惧的心理状态中，感觉随时会被父母抛弃，这样很容易造成孩子性格上的抑郁。

4. 让孩子产生逆反心理

有的孩子性格很倔强，父母越是恐吓，他越是逆反来与父母反抗，叛逆心理特别强烈。有些父母认为孩子不听话，就通过恐吓来让孩子改正，殊不知，对于那些倔强的孩子来说，越被恐吓，其逆反心理越严重。

5. 让孩子产生心理阴影

父母经常采用恐吓教育法，会带给孩子童年的阴影，让孩子缺乏安全感，这个问题会伴随孩子一生，在孩子的人生路上和家庭生活中也难以回避。相反，经常得到父母爱抚和温言细语的孩子，会幸福感满满，为人温和宽容，充满满足感，人生也会顺利很多。

冷嘲热讽，等于培养孩子的施暴倾向

一位孩子在知乎上提问：我从来没有感受过爱，总是被父母恶言讽刺，总是被他们废物废物地称呼，感觉自己快要活不下去了，我该怎么办？

"你就是一个废物！"可能许多父母都这样讽刺过孩子，或许大人只是随口一说，或者是开玩笑，不过，在孩子看来，这就是讽刺和挖苦。有些父母性格比较急躁，每当看到孩子没有完成某件事情的时候，张口就说"你怎么这样蠢""你怎么这样没出息"之类的语言，父母或许是因为恨铁不成钢，或者是无心唠叨，不过这对孩子来说则是异常地刺耳。

嘲笑讽刺本身就是刺伤他人自尊心的利剑，即便成年人听了也难以接受，更别说一个天真的孩子了。孩子自尊心更脆弱，也更容易受伤，如果父母以成年人的视角看待孩子的幼稚，哪怕是开个玩笑——"你唱歌真的很难听"，孩子听了也会很难过，更别说要以嘲笑讽刺的方式去打击他。讽刺的语言会摧毁孩子的自信、重创孩子幼小的心灵，时间长了，孩子的自信心会越来越差，最终形成懦弱、胆怯的性格。

小俊觉得自己是一个笨小孩，因为爸爸是这么说的。

正在上小学的小俊，独处时偶尔想起考试便会害怕起来，但是他确实已经尽力，每天认真听课，也很少出去玩，节假日除了参加学校的补习班之外，就在家里看书写作业。不过小俊的努力从来没有获得爸爸的赞赏，反之，所听到的常常是不满的训斥："你怎么这样没出息""你怎么一点儿没遗传到我的聪明才智呢，我以前读书都没你这样差""我对你真的彻底失望了"。

有一次，小俊语文考试成绩下来了，当他把成绩单拿给爸爸签字时，爸爸指着出错的地方，说："你看你又犯傻了吧，不仔细读题，你这猪脑袋啊！"小俊听了非常沮丧，一连好几天都不想和爸爸说话。尽管小俊体育成绩比较好，不过爸爸说："你要是语文、数学成绩优秀就好了，可惜是体育，这简直是四肢发达、头脑简单。"小俊听了十分伤心。

父母那些讽刺挖苦的话，对一个心智不成熟的孩子来说，将是伴随一生的阴影。而且，这样的话会让孩子产生负面的自我暗示：反正我没出息，就是什么也做不好，那我何必要好好做呢，不如破罐子破摔。其实，孩子由于经验不足做错事是很正常的，父母需要做的就是帮助孩子找出原因，鼓励孩子做得更好。

心理学家认为，父母否定性的评价会比肯定性的评价留给孩子更深的印象。因为否定性评价常常发生于沮丧或急切的情况下，有很强劲的冲击力，所以孩子记得更深刻。通常情况下，孩子的个性还没有完全形成、自尊心还没有强到可以不在乎别人的评价，这时，父母的讽刺往往会产生重要影响，将在孩子潜意识里留下很深的恶劣影响。各种嘲笑讽刺会在孩子内心深处扎根，这样的次数逐渐增多，那些讽刺就会渐渐成为孩子自我评价的标准，使孩子真的成为父母所说的那种孩子。

有时候，父母无心的嘲笑，就好似无心的催眠，这样的催眠每天都在发生，且深入孩子的无意识层面，于是孩子的人格就会按照父母所说的那样发展，孩子性格中的软弱、自卑、胆怯也会伴随而来，甚至令孩子一生无法摆脱。

还有的父母对孩子太挑剔，总是对孩子处处不满，稍有不满就唠叨不停，根本看不到孩子身上的优点。这导致他们在训斥孩子时有较强的侮辱性，大大地伤害了孩子的自尊心、自信心，也导致亲子关系变得冷漠、亲子之间互相仇视。

小贴士

1. 尊重孩子的一切

相信父母也不喜欢别人强迫自己，更不希望自己的人生不自由，那么，对孩子来说何尝不是如此呢？孩子学什么专业、想考什么学校，那都应该是孩子自己的选择，父母只能引导，不能强迫，更不能一厢情愿地将自己的梦想强加给孩子，否则只会给孩子带来莫大的压力。

2. 珍惜孩子的爱

爱是孩子向父母表达的一种情感，父母要十分珍惜，并及时给予回应："宝贝，我也爱你。"或者给孩子一个拥抱，让孩子真切地感受到父母的感动。别总是冷漠地对待孩子，否则，时间长了，孩子会自动疏远父母。

3. 宽容孩子的失败

父母总希望自己的孩子更优秀一些，不过，父母也要考虑到孩子的实际情况。父母太高的期望值，孩子是不容易达到的，这样一来，父母便会产生悲观失望的情绪，对孩子口出嘲笑之语。孩子的成长是一个循序渐进的过程，父母需要根据孩子的实际情况调整自己的期望值。即便孩子考得不好，也不要训斥孩子，而应倾听孩子的诉说，与孩子一起总结反思，找出失败的原因，以便于下次更好地进步。

4. 每天表扬孩子一次

有一句话是这样说的：如果你可以发现孩子身上的十个优点，那你就是优秀的父母；如果你可以发现孩子身上有五个优点，那你就是合格的父母；如果你在孩子身上连一个优点都发现不了，那你就应该下岗了。每天在孩子身上发现一个优点，然后表扬他，这样会让孩子快速找回自信。

5. 训斥孩子之前先冷静

父母训斥孩子时说出一些侮辱性的话语，通常也是一时冲动，之后往往会觉得后悔。因此，性格冲动的父母不妨给自己立一个规定，情绪激动、要训斥孩子时，不妨冷静一下，理智面对事情，避免说出伤害孩子的话而后悔不已。

6. 多建议，少嘲讽

如果是孩子不小心犯下错误，父母需要多建议、少嘲讽，和孩子一起分析原因，告诉孩子下次需要多加注意，让孩子找到错误的原因。而且，当孩子开始意识到自己的错误之时，父母不能够再继续嘲讽孩子，否则无疑是雪上加霜，会让孩子更加难过。父母应该记住，给孩子建议并且引导他们找出错误的原因，才能让孩子改正错误，进而赢得进步。

暴力惩罚，会给孩子造成不可磨灭的伤害

孩子的成长过程总伴随着错误，这时候，为了帮助孩子认识到自己的错误，父母应正确地运用惩罚，这不仅能促进孩子的身心健康，还能够培养出孩子良好的学习习惯和生活习惯。这种情况下，孩子会明白父母的惩罚是因为爱，也能够理解或者认可这样的方式，他也会改正错误，变得越来越乖巧与懂事。

然而，在中国的传统观念里，孩子是父母的财产，更是父母的私人物品，大多数父母认为打骂孩子是天经地义的事情。当孩子不听话、贪玩、说错话、

做错事或者学习成绩不好时，父母就对孩子进行打骂、体罚等，而且，许多父母的思想里仍秉持着"棍棒之下出人才"等错误观念。

在这样的传统观念之下，父母面对孩子的错误，常常会进行一系列的体罚，事后他们还能够找理由说服孩子："打你是因为爱你。"其实，对于聪明活泼的孩子来说，体罚带来的危害与影响是异常严重的。回顾这些年的新闻，每一年都有因体罚事件而酿成的惨剧，这值得每一位父母深思。

回家路上，爸爸收到了一条老师发来的短信：这次考试的试卷已经发下来了，希望各位家长引导孩子纠错。后面还附上了孩子的考试成绩。爸爸觉得很纳闷，昨天自己还问孩子最近考试没有，当时他可是一个劲儿地摇头，这是怎么回事呢？

晚上回到家，爸爸问了一句："宝贝，不是到期中了吗？学校考试没有呢？""没有，老师说取消期中考试了。"孩子低着头。听了这话，爸爸有点生气了，明明给了你承认错误的机会，谁想这孩子还是不肯承认。"那怎么你们老师发了成绩的信息呢？"爸爸厉声问道。孩子惊讶地抬头，知道事情败露了，他更不知道说什么好了。"去把试卷拿给爸爸看看，快去。"爸爸生气地吩咐。孩子拿来了卷子，爸爸看着那试卷上的分数，赫然发现本来78的分数变成了88，爸爸拿出自己的手机翻看了一下，确认本来成绩就是78。

爸爸瞪着孩子，知道他偷偷修改了分数。爸爸顺手拾起手边的衣架就开始打孩子，一边打一边骂："狗崽子，让你成绩不好！成绩不好还知道骗人了，好的不学，偏学那不好的，我今天非打死你不可……"

体罚教育是一种无能的教育，根本无法从根源上解决问题，它只会强化孩子的逆反心理。体罚的粗暴也造成了父母与孩子之间的隔膜。另外，体罚还容易造成孩子孤僻的性格，极易令其形成自卑、胆怯等不良心理品质。

苏联教育学家苏霍姆林斯基曾经这样说过："不用理智、温柔的良言善语，用皮带抽和打耳光，如同对雕塑对象不用雕刻家的精巧雕刀，而动用了生锈的斧头。"父母在教育孩子的过程中，有无数的夸奖，也会有必要的惩罚，但是，对孩子的惩罚必须建立在爱的基础之上，而不能动用盲目的惩罚方式。

如果孩子长期处于遭受体罚的压力中，他就会心生反抗情绪，无论父母说什么，孩子都不会顺着你的意愿去做，反而处处与父母作对，这对于教育本身来说，毫无帮助。所以，父母应该摒弃体罚的观念，以爱心和耐心来引导孩子走出错误的泥潭，促进孩子身心健康发展。

小贴士

1. 呵护孩子的自尊心

随着孩子年龄的增加，他们的一个重要的心理特征会越来越明显，那就是他们的自尊心越来越强。而父母的体罚很容易让孩子的自尊心受到严重的打击。有的孩子在长期的体罚之下，变得越来越"皮"，这其实就源于孩子自暴自弃的心理状态。因此，看着孩子一天天大了，父母需要做的就是呵护孩子的自尊心，即便面对孩子的错误，也要正确引导，千万不要采取体罚的方式。

2. 多一点爱心，多一点耐心

孩子对这个世界充满好奇心，因而他们在成长的路上免不了会犯一些错误，父母要对孩子的犯错给予理解，并作好充分的心理准备。面对孩子的错误，父母要多一点爱心，多一点耐心，尊重孩子，理解孩子，赢得孩子的信任，与孩子做朋友。同时，让孩子意识到自己错误的原因与后果，给孩子一个重新改正的机会。这样，孩子一旦认识到自己的错误，就会接受父母的批评和帮助，也会体会到父母的爱。

3. 冷静处理孩子的无心之过

大多数时候，孩子犯错是无心的，在孩子的思想里，他不觉得自己错在哪里。这时候，父母不应该随便发火，而应明确地告诉孩子，这样做是不对的，引导孩子正确的行为，不仅让孩子受到表面的"批评"，也让孩子体会到父母内心的"爱"。时间长了，孩子就会明白，在自己不知道该怎么去做的时候，最好是向父母请教，这样就减少了犯错的机会。

4. 坚持"事不过三"的惩罚原则

父母在教育孩子的过程中，惩罚是必不可少的一种方式，但它和体罚是完全不同的。如果孩子做了错误的事情，父母可以采用"事不过三"的惩罚原则。当孩子第一次犯错时，父母应温和地告诉他，让孩子明白自己错在哪里，所引起的严重后果是什么；第二次犯错，父母应该严厉地批评，再一次警告，耐心教导；第三次再犯错，就应该让孩子受到相应的惩罚了，并且要说到做到，不让孩子存在侥幸心理。这样会让孩子知道，同一个错误不能犯两次，从而让孩子养成主动认错、自我反省的习惯。

冷暴力，孩子成长路上的阴影

许多家庭在教育孩子过程中存在着家庭冷暴力，不用棍子打、不体罚，而是采用嘲笑、讽刺、冷漠等方式，这将直接影响孩子性格的成长。许多孩子在物质上是富裕的，而在精神上却是不快乐的。除了学习剥夺了他们部分快乐时光之外，家庭冷暴力也会让孩子陷入消极情绪中。有的父母在教育孩子的过程中，不自觉地就会采取冷暴力的方式：对孩子态度冷漠，经常不搭理；有的父母对孩子期望值过高，常常把孩子说得一无是处。

家庭冷暴力是暴力的一种，它的表现形式为冷淡、轻视、放任、疏远和漠不关心，导致孩子精神上和心理上受到侵犯和伤害。在现实生活中，有些父母总是用自己的想法来要求孩子，一旦孩子达不到自己的要求，便对孩子冷眼相对、不理不睬。心理学家认为，父母的冷暴力会令孩子的成长之路蒙上一层阴影。

有时候，父母因为感情失和也会爆发冷战，这时孩子作为第三者往往会成为冷暴力的受害者。父母经常会对孩子说"你别来烦我""你跟你妈妈一样，都不是省油的灯"，以此来打发孩子，结果无意中伤害了孩子。尤其是单亲家庭，父母疏于与孩子亲情沟通，有的父母由于感情的失败而自暴自弃，夜不归宿，即便回到家，也不怎么和孩子说话，虽然同处一个家中，却好像陌生人一样，这样的家庭暴力是极其明显的。

心理学家认为，尽管天下没有不爱孩子的父母，父母所有的决定都是为孩子好，并不是有意伤害孩子，但最后的结果并不会尽如父母所想。面对冷暴力，孩子未必可以理解父母的良苦用心，他们只会被这种暴力伤害得更深。

当然，杜绝冷暴力最好的方法是良好地沟通，只有亲子之间建立良好的沟通渠道，父母才能更好地引导孩子。作为父母，我们应该对自己提出较高的要求，有耐心，讲究教育方法，不能随意对孩子使用冷暴力。

小贴士

1. 欣赏孩子的长处

孩子是父母的镜子，孩子身上的问题实际上折射出的是家庭教育的缺失。有的孩子并不像父母所说的那样一无是处，尽管有的孩子学习成绩比较差，但他可能比较自律，可能有正义感，然而，父母从未欣赏过孩子的优点，只是一味地给孩子提要求。实际上，指责并不能让孩子进步，父母应多些温暖的笑脸和贴心的鼓励，这才是孩子最需要的。

2. 了解孩子

父母需要了解孩子，用平等的沟通代替冷暴力；平时多关注孩子的情感需求，尊重孩子的个人选择；及时鼓励孩子好的改变，对孩子的缺点和弱点，需要就事论事，多引导、多帮助。

3 采用积极的沟通方式

父母需要采用积极的沟通方式，在有矛盾时作主动、坦诚的沟通，将矛盾有效化解。毕竟积极的沟通方式不但有益于感情交流，同时有利于心理健康。父母是孩子的第一倾诉对象，父母应该对孩子敞开心扉，只有父母对孩子敞开自己的心扉，孩子才会对父母说真心话、说内心话。假如父母总是对孩子实施冷暴力，那孩子就容易患上心理疾病，如自闭症之类的。

4. 避免用消极情绪对待孩子

若父母对孩子的期望值越来越高，当看到孩子没有按照他们设计的模式发展时，他们就会着急了。父母认为孩子应该拿出成绩了，一旦孩子的成绩没有达到自己的标准，父母就会拉下脸来。若孩子在很长时间内看不到父母的笑脸，长此以往，会让孩子的性格发生改变。作为父母，我们需要好好反思，即便孩子表现不好，也不要一味地去责怪，而需要试着与孩子一起分析失败的原因。即便孩子学习成绩不好，父母对孩子也要鼓励大于指责，用关爱的语言感化孩子。

5. 父母的期望需要契合孩子的发展水平

父母的期望要适合孩子的发展水平，不能不切实际。另外，父母的期望需要全面一点，不能只局限在学习上，也要顾及性格，比如，期望孩子成为一个善良、正直、善于与人相处的人。

第12章　允许孩子犯错，但不允许他们逃避

孩子在成长过程中总会犯这样或那样的错误，父母对其进行批评和纠正是情理之中的事情，不过，有的孩子乐意接受父母的批评，有的孩子则不肯接受父母的批评。虽然我们说允许孩子犯错，但绝不能允许孩子逃避错误。

对孩子进行"纵向比较"

一位8岁孩子的父亲说，他儿子学唱歌得到老师表扬，但他提醒孩子不要得意，理由是还有更优秀的孩子。听到了父亲这样的评价，孩子觉得很委屈。教育专家指出，许多父母看不到孩子的进步，总喜欢拿自己的孩子的某个方面与更优秀的孩子比，结果是越比越不满意，这样下去孩子的压力也与日剧增。其实，孩子最好是不要比的，即便要比较，也应纵向比，而不是横向比。

小贴士

1. 用发展的眼光看待孩子

父母应该用发展的眼光看待孩子，允许孩子犯各种错误，不过父母要及时帮助孩子改正，不要等自己想起孩子以前所犯过的错误，现在自己有时间了就开始教育孩子，这其实就是违背了教育的及时性，即便父母怎么样说，那孩子也不会听你的。

2.等待孩子慢慢成长

父母要学会等待孩子的成长，孩子毕竟还很小，他的想法不可能跟大人一样，父母要允许孩子有自己的想法、做法，孩子达不到父母所设定的理想层次，那孩子毕竟还小，等孩子长大了，见识多了，他就会慢慢地纠正过来以往那些不足的地方。

3.了解孩子的想法

父母要学会和孩子共同探讨一些问题，从而了解孩子的想法，引导孩子的思维，同时激发孩子对知识的渴望，允许孩子说出一些稀奇古怪的想法，让他自己去找资料来验证，或者父母给孩子提供资料。

父母的教育方式应保持一致

父母对孩子的教育方式不统一，容易对孩子的心理发展产生极为不利的影响。若父母双方难以形成统一的教育方式，就会使二人的教育同时被弱化，这样会让孩子感到无所适从，也会混乱孩子的是非判断标准。孩子小时候不知道该听谁的，长大后却可能谁的都不听了，他已经厌倦了那种不同教育思想的争执。这样的孩子做事时往往会患得患失、犹豫不决。

另外，父母教育方式不一致，还极有可能让孩子形成一些不良的行为习惯，因为有可能父母二人的教育方式都是有所欠缺的，如溺爱与棍棒教育。孩子面对不同的教育，很可能沾上一些不良的行为习惯，继而影响他一生。

妈妈在学习上很注意引导孩子，从小就教导孩子要知礼仪。在老师的建议下，孩子很小就学了《三字经》《弟子规》等传统文化，是个出了名的乖孩子，无论做事还是说话，都透露着大人的影子，在老师和同学眼里，他也绝对算是一个既聪明懂事又会学习的好孩子。

可是，爸爸并不同意妈妈的这一教育方式，他据理力争："这样做事墨守成规是不可取的，应该培养孩子创新的能力。"于是，爸爸鼓励孩子要多坚持自己的想法，千万不能随波逐流，要有创新精神，即使老师批评了也没有关系。爸爸和妈妈的教育思想产生了冲突，两个人经常争论，有时候还会发生争吵。

心理学家认为，在家庭里，教育孩子是父母的共同责任，但是，在教育孩子的问题上，许多父母之间存在着分歧的意见，经常会出现种种矛盾，而这种情况，会影响父母在孩子心中的形象。父母之间如果存在着教育分歧，并常常把这样的分歧暴露在孩子面前，就很容易损伤父母的权威性，继而影响父母的教育效果。

小贴士

1. 让孩子自己选择

当父母的教育思想不一致的时候，可以听听孩子的感受，让孩子作出选择。当然，让孩子自己选择，并不是把矛盾推给孩子，而是通过孩子的选择来避免分歧的教育。另外，让孩子选择，有利于教育方法能够成功地在孩子身上实施，因为不管你的教育思想有多先进，它唯一的目的就是让孩子能够接受。一些教育方法在孩子身上是没有效果的，而且孩子的个性特点各不相同，他们所接受的教育方式就有所差别。这里并不是说孩子的选择一定是正确的，而是建议父母尽可能地从孩子的角度出发，协商出适合孩子特点、利于孩子健康成长的的教育方式。

2. 多涉猎一些教育学方面的知识

教育孩子是一门学问，对孩子的教育是父母共同的责任。而孩子身心的健康成长需要和谐的家庭教育为基础，不能光靠父亲或母亲一方的教育，而是需要父母二人的共同努力。当父母在教育孩子的时候，态度要统一，口径要一致，多沟通商量，对一些不懂的地方，要善于向有关教育专家请教，或者学习一些儿童心理学、教育学和生理学方面的知识。父母在教育孩子的问题上，之所以会出现那么多的问题，重要原因之一就是缺乏科学的认识。所以，父母要想教育好孩子，就要学一些科学的知识，懂得科学的教育方法。

3. 父母要"统一战线"

在日常生活中，父母在孩子的教育上意见会有分歧，这时候，双方都认为自己教育孩子的方法是对的，而对方那种教育方法是错误的；并从这种"自以为是"的心理出发，每次在需要教育孩子的时候，常常因为看不惯对方的做法而与对方产生争执。这样，就会让孩子在观念上产生混乱，是非价值判断混乱，不明白自己到底该怎么做。而且，父母的教育思想若长期不一致，双方就会互相指责，继而发生争吵，这样会影响两人之间的感情，也给孩子心理带来不良的影响。所以，父母要统一教育思想，通过商量的方式来沟通，尽量使彼此的意见达成一致。

4. 切忌当着孩子的面为教育分歧而争吵

父母对孩子的教育意见不一致的时候，不要当着孩子的面批评另一方，否则会让对方感觉丢面子，容易发生争吵，而且被批评的那一方在孩子心中的形象会受影响，由此，其教育力度也会减弱。这时候，父母双方都要学会克制自己的情绪，先避开孩子，两人共同协商出一个最好的解决办法。若在教育孩子的过程中，父母由于教育方法不当而伤害了孩子，应当及时向孩子真诚地道歉。

反省，让孩子认识到自己的错误

海涅曾经说："反省是一面镜子，它能将我们的错误清清楚楚地照出来，让我们认真地思考自己的行为，并给我们改正的机会。"自我反省就是常常冷静地思考自己的言行，寻找自己所作所为中存在的不足和错误。一个人会不断地取得进步，就在于他能够不断地自我反省，善于认识到自己的缺点和不足之处，并及时采取措施进行弥补。

自我反省是一种良好的行为习惯，也是每一个处在成长期的孩子所需要具备的一种良好习惯。如果一个孩子不懂得自我反省，他就会一次又一次地重复相同的错误，在原地踏步，难以取得进步。相反，如果孩子懂得了自我反省，他就会认真思考自己身上的不足之处，会更加注意下次绝对不犯同样或类似的错误。

爱默生曾说："人类唯一的责任就是对自己真实，自省不仅不会使他孤立，反而会带领他进入一个伟大的领域。"小孩子总是习惯性地为自己找借口，害怕承认自己的错误，这时候就需要父母有意识地培养孩子养成良好的自我反省的习惯，鼓励孩子对自己的行为进行反思，看看自己的所作所为是否违背了社会规范、是否存在着种种不足。自我反省的习惯对于孩子一生的发展都有着积极的意义，所以，父母应该在家庭教育中有意识地鼓励孩子作自我反省。

小贴士

1. 父母勇于自我反省，做好榜样

孩子有着一定的模仿能力，父母的言行也会成为他们模仿的对象。在日常生活中，父母要做好榜样，即便是父母犯了错误，也要自我反省，这样会给孩子树立良好的榜样，有利于培养孩子优秀的自我反省能力。有的父母认为自己毕竟是大人，做错了事情羞于认错，而且认为在孩子面前认错是难为情的事情。实则不然。父母做错了也要敢于承认，及时进行自我反省，特别是在孩子面前，这样才能积极地影响孩子。比如，有时候，父母也会误会孩子，这时候，不要试图在孩子面前敷衍了事，而应该真诚地向孩子道歉。

2. 理智对待孩子的错误

当孩子犯了错之后，父母不要对孩子横加指责，而应该允许孩子作出解释；当父母了解了事情的真相后，再平静地指出孩子的错误、引导孩子进行自我反省即可。这样可以激发孩子想纠正错误的心理，在以后的生活中，孩子就会少犯或者不犯类似的错误。有的父母在孩子犯了错误以后，往往会耐不住性子，对孩子不是打就是骂，实际上这样很不利于孩子自我反省能力的提高。父母千万不要一上来就斥责、恐吓孩子，不要对孩子的错误横加指责，否则只会让自己的暴躁脾气扼杀了孩子的自我反省能力。父母只有冷静、理智地对待孩子的错误，才有利于孩子养成自我反省的习惯。

3. 让孩子学会接受批评

虽然，在很多时候我们都提倡鼓励教育，总是说"好孩子是夸出来的"，但一味地鼓励与夸奖是无法培养出好孩子来的。另外，如果孩子经常得到表扬，时间长了，他就很难接受别人的批评了。因而，批评与赞赏一样，也是父母需要的教育方式。当然，无论是赞赏还是批评都应是适当的，父母不要大声斥责，只需要让孩子知道自己错在哪里就可以了。父母要正面引导孩子坦然接受别人的批评，以"有则改之，无则加勉"的心态来接受批评。

4. 培养孩子"吾日三省"的良好习惯

子曰："吾日三省吾身——为人谋而不忠乎？与朋友交而不信乎？传不习乎？"父母可以引导孩子每天都反思一下自己的所作所为，总结一下自己的行为表现，想想自己有哪些是做得不对的，哪些是需要改进的，且应该怎样改正和挽回那些错误。让孩子养成这样一种习惯，时间长了，孩子就不会犯同样或类似的错误，也就能够分辨是非对错了。

允许孩子给父母提意见

在孩子面前，父母不应太过专制，不允许孩子提意见；相反，父母应该欢迎孩子向自己提出意见，无论意见中肯与否，父母都要认真考虑，尽量给孩子最满意的答复。一直以来，亲子关系之间的代沟就是因为缺乏沟通而产生的。孩子在小时候，心里有什么事情总会向父母诉说，父母也可以及时了解孩子的想法，亲子之间的沟通是非常融洽的。不过，随着孩子年龄的增长，孩子很容易向父母封闭自己的心灵，有什么话也不说，作什么决定也不与父母商量。眼见这样的情况，父母越来越担心，担心再也无法与孩子进行融洽的沟通。为此，当父母在对孩子进行批评时，需要耐心听取孩子的意见。

晚上吃饭的时候，妈妈突然问道："孩子，你是不是报名参加了年级的书法大赛？"孩子放下碗筷，说道："其实，也不是我故意瞒着你们的，而是你们总是这样不准那样不准，而且，一唠叨就是几个小时，我听腻了，我不告诉你们的原因就是不想听你们那些乱七八糟的意见，你们不知道，自然不会说我什么了。"爸爸笑了："哟，还给我们提意见了？爸妈经常唠叨是不太对，但很多时候也是为你好，你还是要听进去的。"孩子回答说："是啊，你不常说我们家是民主的家庭吗，我当然可以给你们提意见了，妈妈啊，什么都好，就是喜欢唠叨；爸爸呢，什么都好，就是总喜欢教训人，你可以像朋友一样跟我说话，这样的话，我和你们什么代沟都消除了。"

爸妈被孩子当桌提意见，脸上有点挂不住，但还是接受了。爸爸笑着说："这才是嘛，你提的那些意见，我和你妈妈都接受，我们会注意这个问题的，但是爸妈给你说的那些，也希望你记在心里。以后有什么对我和你妈妈不满意的，你都可以说出来，咱们是宰相肚里能撑船，你有什么话尽管说。""真的吗？"孩子问，这会儿，爸爸妈妈都点点头。

心理学家安格利卡法斯博士认为："隔代人之间的争辩，对于下一代来说，是走上成人之路的重要一步。"允许孩子适当争辩，是帮助孩子摆脱无方向状态的一个途径，可以使他们知道自己的能力和界限在何处。同时，争执可以让孩子变得自信和独立，在对抗中，他们感觉自己受到重视，知道怎样才能贯彻自己的意志。争执也表示孩子正在走自己的路，他们注意到，父母并非总是正确的。

孩子的争辩和意见为父母提供了一面镜子。父母通过听取孩子的意见，可以检验自己的教育方法是否得当、说法是否在理。明智的父母不会把自己的意志简单地强加在孩子身上，而是为孩子创造一个宽松、平等的交流氛围。而在与孩子争辩的过程中，父母应循循善诱、以理服人，不要简单地把孩子的争辩看作对自己的不敬。

小贴士

1. 做孩子的朋友

孩子随着年龄的增长，心中会有一些莫名的烦恼，这些烦恼无处诉说。这时父母要做孩子的朋友，愿意与孩子分担你在成长期的烦恼与快乐。当然，朋友之间是可以互相提意见的，如果孩子认为父母在某些方面做得不恰当、让自己不舒服，父母要鼓励孩子坦白地告诉自己，让父母能够明白他心中所想，进而达到和谐沟通的目的。

2. 倾听孩子的心声

通过与孩子的交流，父母发现原来孩子不喜欢妈妈唠叨，不喜欢父母总以教训的口吻跟他说话。但仅仅是这些吗？父母应该听到孩子更多的心声：父母是否给压力太大？父母是否管得太多？关于这些问题，父母都应知道在孩子心里究竟是怎么想的。

3. 制订一定的规则

当然，孩子争辩是应该遵循规则的，也就是说，不允许他胡搅蛮缠、随心所欲，而是要在讲道理的基础上进行争辩。假如孩子违反了争辩的规则，父母自然应该加以制止。当然，父母是规则的制订者，因此在制订规则时要从实际出发，合乎孩子的情况，合乎一般的道理，否则，这样的争辩就是不合理的。

4. 给孩子说话的权利

对于许多父母而言，给孩子说话的权利并不能轻易做到。父母在教育子女的时候，往往是只能我说你听，哪里容得孩子争辩？所以，在给孩子争辩的权利时，需要父母克服自以为是、唯我是从、只准说是、不准说"不"的单向说教思维定式，而采取尊重孩子、鼓励争辩、勇于认错、善于双方交流的思维方式。

5. 事后反思

假如孩子因叛逆思维而毫无理由地争辩，父母事后可以反思，想想到底是自己没有尊重孩子的意愿，还是孩子确实是在胡搅蛮缠。假如是前者，那父母需要反思自己，是否真的尊重了孩子；假如是后者，那父母可以仔细观察孩子做出这样行为背后的真实心理，了解之后予以相应的教育。

批评孩子之前，先反省自己

著名心理学家罗达说过，"当父母错了或违背了自己许下的诺言时，如果能向孩子真诚地说一声对不起，可以帮助孩子建立自尊，同时能培养孩子尊重人的好习惯。"俗话说，人非圣贤，孰能无过？知错能改，善莫大焉。父母毕竟只是普通人，在日常生活中，难免有时候会误解孩子，甚至伤害孩子。

其实，父母做错了事情不要紧，重要的是，一旦发现自己做错了，就要敢于向孩子承认错误并真诚地道歉。但在实际生活中，许多父母都没有在孩子面前认错的习惯，有的父母非但不会认错，反而会无理地斥责孩子，以批评孩子的方式来掩盖自己的错误，这样的做法是极为不妥当的。即便是父母做错，也要敢于认错，并向孩子真诚地道歉。

豆豆是班里出了名的小书法家，一手粉笔字写得特别好。一天，他帮助老师出黑板报，由于赶着完成任务，他忘记了打电话回家，妈妈也不知道这件事，在家里等得十分着急。正要出门寻找，孩子回来了，妈妈上前就是一顿指责，孩子也很生气，他说："我在学校帮老师出黑板报，又没有出去玩。"妈妈意识到误会豆豆了，急忙说："孩子，对不起，妈妈不该不分青红皂白地指责你。"豆豆笑着开玩笑："妈妈，我很宽宏大量的，原谅你了。"这句话把旁边的爸爸都逗乐了。

每个人都不可避免地会犯一些错误，其实，父母犯错并不可怕，可怕的是用一个错误来掩饰自己所犯下的错误，不断地掩饰，最后成为孩子的反面教材。如果父母真的做错了，就要真诚地向孩子说："对不起。"父母勇于向孩子承认错误，就是用行动告诉孩子，知错就改才是正确的选择。孩子从父母身上学会了这些，就会以相同的态度来对待身边的人，从而奠定他良好的品质。

小贴士

1. 真诚地向孩子道歉

父母如果真的做错了，那就要给孩子真诚地道歉。如果愿意向孩子说声"对不起"，那么，不仅不会降低父母的身份，反而会提高父母在孩子心中的形象。因为，家庭是孩子人格形成的最重要的场所，良好的家庭环境，特别是父母以身作则的正面行为，能给孩子一个良好的示范作用。父母犯错了，就必须向孩子说明这件事错的原因、自己为什么做错了，这也是一种间接教育的方法。

父母应该以真诚的态度给孩子道歉，而不能为自己的错误找借口，否则会让孩子觉得很失望。时间长了，如果孩子犯错了，他也会为自己的错误而找借口。所以，父母犯了错，就要以真诚的态度向孩子道歉。父母对孩子道歉的时候，要态度诚恳，对任何一个错误，都不应该漫不经心。坦率地承认自己的错误，可以博得孩子的信任。

2. 及时道歉

有的父母明明知道自己错了，但是迟迟不肯向孩子道歉，企图以时间的拖延模糊自己的错误行为。其实，父母犯错是难以避免的，而犯错了必然会伤害到孩子和家人，还会让孩子产生怨恨，所以，父母既然做错了事情，就应及时地给孩子道歉，否则给孩子带来的伤害就难以弥补。这样才能获得孩子的原谅，才能及时补救孩子的信任和友爱。

3. 认错要落实在实际行动上

父母当着孩子的面认错道歉，这并不是表面功夫，还需要落实到实际行动上。如果父母在认错之后遇到了同样的问题还是不会改变，这种行为就会大大地伤害孩子，甚至比不道歉还伤害孩子的心。所以，父母自己说了就一定要做到，不能再犯相同或类似的错误，以实际行动告诉孩子，自己改正了错误。

以身作则，你的行为正在影响孩子

抱怨似乎是每个人都会做的事情，大家也都觉得很正常。但是事实并不是这样，无论你遭遇了多么糟糕的事情，遇到了困难或者是对自己不满，抱怨都不是明智之举，它会助长你的不满情绪，还会把这样一种消极情绪传递给对方。

许多父母都喜欢抱怨，抱怨单位里的事情，抱怨自己不公平的待遇，甚至在孩子面前互相抱怨对方，这无论是对孩子，还是对父母本身都是极为不利的。所以，父母千万别在孩子面前抱怨，以免把消极情绪传递给孩子，影响孩子的行为。

妈妈去接孩子放学，见他一脸的不高兴，一问之下，才知道他前几天考试的成绩下来了，这次没有考好，退步了很多。妈妈让孩子找找原因，他想了半天，说了一大堆理由：旁边的同学在上课时老讲话，打扰他听讲；这次考试题太难了，许多同学都这么说；老师生病了，有几节课让我们直接上的自习。妈妈见孩子就是不说自己的原因，忍不住问他："你怎么不从你自己身上找找原因呢？"孩子却把小脖子一梗，理直气壮地说："我不觉得自己有什么问题。"孩子的态度让妈妈很困惑，她也不知道怎么来说服他了。

晚上回到家，妈妈把孩子的表现跟爸爸谈了一下，爸爸开玩笑说了一句："不是跟你学的嘛，总是喜欢抱怨。"爸爸的话一下子点醒了妈妈，前段时间，妈妈在单位遇到一些不愉快的事情，她脾气变得很坏，每天回家后，常常当着孩子的面跟爸爸抱怨不停。有时候，爸爸劝她想开点，她还会发脾气。

抱怨是一种消极的心态，那些喜欢抱怨的人并没有认真思考现实，他们不去为改变而作积极的行动，而是一味地怨天尤人。其实，如果糟糕的现实并不能改变，那么抱怨比忍受更能增加我们的痛苦，而父母当着孩子的面抱怨，也意味着将自己的弱势地位展示给孩子，这并不是强者的行为。在孩子面前，父母应该积极作好优秀的表率，遇到了困难与挫折，要学会积极思考，寻找出解决办法，为孩子树立良好的榜样。否则，孩子也会养成遇事抱怨的坏习惯。

1. 父母之间需要互相尊重

有的父母喜欢在孩子面前互相抱怨，在孩子面前发泄自己对对方的不满，如"你爸爸真懒，什么事情都不干""你妈妈整天啰啰唆唆，烦死人了"，他们想得到孩子更多的爱，或者让孩子做自己的同盟军。其实，这样的做法会让孩子无所适从，同时也会降低父母在孩子心中的威信，影响孩子对父母的感情。父母在孩子面前，也要体现出互相尊重，即使你有什么不满，也尽量不要在孩子面前流露，更不要在孩子面前抱怨对方。

2. 要把积极的情绪带给孩子

有时候，父母也有烦闷的事情，也会为一些无法改变的现实而烦躁。比如，全家人打算周末去公园玩，但爸爸临时接到了上司的电话要加班，这时候，爸爸在面对无法改变现实的时候，也要把积极的情绪状态传达给孩子，"公司有很多叔叔等着爸爸去工作，否则他们也没有办法休息了"。这样，孩子会明白爸爸是能干的，也是负责任的。如果爸爸在孩子面前抱怨，"该死的工作，害我不能和你们一起出去玩了"，那么孩子就会感受到爸爸那种无可奈何的情绪，继而在心中留下阴影。

3. 为孩子树立良好的榜样

面对无法改变的现实，父母不要把抱怨传递给孩子，不要让孩子陷入抱怨的消极状态。父母要给孩子营造出良好的家庭环境，让孩子生活在没有抱怨的环境中。遇到了不开心、不顺心的事情，父母需要做的是努力寻找解决方法，积极面对现实，解决问题，为孩子树立良好的榜样。因为抱怨并不是明智的选择，聪明的父母不会在孩子面前抱怨，他们会努力让孩子以积极地心态去面对生活。

参考文献

[1]廖康强.赏识教育有技巧，批评孩子有方法[M].太原：山西人民出版社，2011.

[2]金晓星.如何鼓励、批评孩子？[M].北京：民主与建设出版社，2017.

[3]李世强，柴一冰.方法对了，孩子并不抵触批评[M].北京：北京工业大学出版社，2015.

[4]巴恩斯，约克.这样表扬，孩子进步快！这样批评，孩子改正快！[M].韩雨苏，译.南京：江苏教育出版社，2011.